영상에서 그는 손수 작별노트를 읽으며 "품격을 지키고 살았고, 이제 품격을 지키며 죽음을 선택한다"라는 말로 세상과의 안녕을 고했다. 주위 사람을 모두 물러나게 한 뒤 혼자 방에 들어가 직접 약을 투여한 그는 결국 '비非조력 안락사'라는 방법으로 생을 마감한 것이다.

파리4대학에서 철학을 전공하고, 그리스 언론계의 요직을 두루 거쳤다. 그리스 '채널1' 방송국장을 거쳐 주요 TV프로그램의 제작 및 진행을 맡았다. 그리스 경제기업연합의 정치자문단, 그리스 싱크탱크인 디아네오시스DIANEOSIS 창립멤버이자 리더였다. 저서로는《투키디데스-마키아벨리 비교연구》《나폴레옹 보나파르티즘 현상 연구》《데모스테네스-이소크라테스 비교모음집》등이 있다.

옮긴이 최보문

현재 가톨릭대학교 의과대학 명예교수. 가톨릭대학교 의과대학 신경정신과 교수로 재직하던 중 옥스퍼드대학교로 가서 의료인류학 석사학위를 마치고 2006년 인문사회의학과 개설에 주춧돌을 놓았다. 가톨릭대학교에서 인문사회의학과 및 정신과 교수, 인문사회의학연구소장 등을 지냈고, 정년퇴직 후에는 국립중앙의료원 공공의료교육훈련센터장을 역임했다. 옮긴 책으로《정신의학의 역사》《트라우마의 제국》《더러운 손의 의사들》《문화, 건강과 질병》등이 있다.

나의 죽음은 나의 것

나의 죽음은 나의 것

알렉산드로스 벨리오스 지음

최보문 옮김

바다출판사

차례

'죽음'은 누구의 것입니까?

최근 죽음에 관해 출간되는 책을 보면 거의가 착한 책이다. '좋은 죽음', '아름다운 이별', '존엄한 죽음' 등을 키워드로 하여, 집착을 내려놓고 공포를 넘어서서 어떻게 세상과 화해하고 떠났는지를 보여준다. 주로 호스피스 종사자의 시각에서 본 내용이다. 그런 이야기는 우리에게 깊은 울림을 전해준다. '좋은 죽음'을 어떻게 준비해야 할까, 그 바탕이 되는 좋은 삶은 무엇일까, 우리 서로의 삶은 어떻게 돌보아야 할까 등 평소에 지나치던 질문들을 생각해보는 계기를 주기 때문이다.

그러나 이 책은, 드물게, 착하지 않다. 저자가 정직하게 적어나간 이 글은 죽음의 공포를 날것으로 생생하게 전해준다. 때 이르게 찾아온 죽음을 저주하고, 벗어던질 수 없는 삶의 미련과 회한에 몸부림치며, 어린 딸이 자신을 잊어갈 것에 통곡한다.

자신에게 '편안한 죽음'을 허용치 않는 경직된 사회에 날선 비판을 서슴지 않으며 마지막까지 세상과 화해하지 않았던 그는 죽음이 한발씩 다가오는 것을 눈을 부릅뜬채 직시하고자 했다. 심지어 스위스 조력죽음 단체의 도움도 거부하고 친지와 가족을 멀리 물린 채, 자택에서 홀로 때와 장소와 방법을 선택하여 자기만의 방식으로 죽음을 맞이했다.

2016년 9월 5일, 그리스의 여러 일간지와 유로뉴스Euro News는 알렉산드로스 벨리오스가 "암과의 1년여 투쟁 끝에 비非조력 안락사non-assisted euthanasia로 63세의 생을 마감했다"고 보도했다.

저자는 그리스 언론계의 요직을 두루 거친 거두 언론인으로서 그리스 채널1 방송국장 등을 거쳐 주요 TV의 프로

그램 제작 및 진행 등을 맡았다. 헬레니즘 경제인 연합the Hellenic Federation of Enterprises의 정치자문단장, 그리스의 정책연구소인 DIANEOSIS 창립멤버이자 리더였으며, 파리 4대학에서 철학을 전공한 작가였다. 저술로는《투키디데스-마키아벨리 비교연구》《나폴레옹 보나파르티즘 현상 연구》《데모스테네스-이소크라테스 비교모음집》및 두 권의 정치평론집이 있고, 그 외 몽테스키외, 파스칼, 졸라, 라파르그, 발레리, 버나드 맨더빌, 마리-장 에로 드 세셸 등에 관한 많은 번역서가 있다.

이 책은 벨리오스가 치유의 희망을 잃고 자살을 결심하면서 쓴 글로서 사망하기 3개월 전에 출간되었다. 남은 3개월 동안 그는 자신의 무기인 글과 TV와 SNS 등의 미디어를 통해 '안락사의 권리'를 주창하였다. 안락사에 대한 사회의 인식변화와 제도개혁을 촉구하며 짧고 강렬한 투쟁을 펼쳤다.

그 투쟁의 추진력은 흔히 상상하듯이 숭고하거나 영웅적인 것은 아니었다. 어느 순간 암이 뇌로 전이되어 식물인간이 되어버릴지 모른다는 공포, "병원 침상 위에서 혼수상태에 빠져 말라비틀어져 가는 나를 내 가까운 사람들이 지켜볼"것에 대한 참담함과 임박한 죽음의 절박함이 그를 몰아갔기 때문이다.

그러나 그의 투쟁의 근저에 단단히 자리 잡고 있었던 것은 평생 타협하지 않고 꼿꼿하게 살아오며 그가 신봉해 온 개인의 자유에 대한 믿음이었다.

3개월 동안 그는 의료계, 법조계, 정치인, 종교인 등을 찾아다니며 정당한 안락사를 요청했다. 그러나 그리스에서는 어떤 종류의 행위든 안락사와 연관되면 형법의 적용을 받는다. 국민의 85퍼센트가 그리스정교회 신자임을 공언할 정도로 유일신 신앙이 사회 전반에 영향력을 행사하고 일상생활과 관습에 스며들어 있다. '의술의 아버지'로 불리는 히포크라테스의 고향인 그리스에서는 안락사는커녕 '연명의료에 대한 자기결정권'조차 금기어로 취급되고 있다. 이러한 곳에서 그의 요청은 당연히 거부되었고, 법원에 낸 소청도 기각되었다.

결국 그가 선택한 것은 스위스의 조력죽음 단체에 신청하는 것이었고, 합당한 절차도 모두 밟은 것으로 알려져 있다. 그러나 마지막에 그는 홀로 죽어갈 것을 선택했다. 아테네 외곽 게라카스Gerakas의 자택에서 그가 죽던 9월 4일 올린 페이스북 동영상을 보면, 벨리오스는 왜 자살에까지 이르게 되었는지를 이렇게 말하고 있다.

"내게 남은 시간은 이제 몇 주도 채 되지 않는다. 그 사이에 육체적으로 정신적으로 급격히 퇴행하게 될 내 상황을 직시하면, 맑은 정신으로 떠나기 위해 여기에서 끝내는 것이 적절하다고 생각한다. 나는 평온하게 떠난다. 나는 품격을 지키고 살았고 이제 품격을 지키며 죽음을 선택한다." 그리고 친지들에게 전하는 용서의 말과 작별의 말로 끝을 맺었다.

그는 끝까지 그리스어 어원의 '안락사eu-thanasia'라는 단어를 고집했다. 그 이유 중 한 가지는 그가 그리스 문화 부흥운동의 한가운데에서 일생을 지내왔기 때문이다. 고대 그리스는 오늘날 서구문명의 뿌리가 되는 합리적이고 실제적인 세계관을 정립했고 그 속에서 신들gods은 인간의 욕망에 공명하며 삶과 죽음을 최선의 상태로 조율하던 존재였다. 다시 말해 오로지 순종만 요구하는 미지의 전능한 유일신은 아니었던 것이다.

그러한 헬레니즘 문화의 부활을 꿈꾸던 벨리오스는 안락사를 둘러싼 이념과 역사의 무게를 회피하고자 '죽을 수 있는 권리right-to-die'라는 단어를 사용하지 않았다. 간결하고 순수한 의미로, 말 그대로 '편한 죽음'을 뜻하는 '안락사'라는 표현을 사용했다.

생전 인터뷰에서 말하기를 "우리 사회가 안락사에 관해 숙고하기를 바라는 의도에서 책을 출간했다. 선택할 수 있는 권리는 인간의 기본 권리로서, 삶의 권리는 물론 죽음의 권리가 포함된다. 삶의 가능성이 한 자락도 남아 있지 않고 자아를 잃어버렸을 때조차 타의에 의해 육신이라는 감옥에 갇혀 있게 된다는 것은 끔찍한 일이다. 그럴 때 '언제' '어떻게' 마지막 순간을 맞이할지 자신이 결정할 수 있다는 것은 구원이다. 그것이야말로 진정한 자유의 행사"라고 했다.

서서히 죽어가는 일의 가장 잔인한 면은 알아채지 못하는 사이에 걸려들고 마는 덫과 같다는 점이다. 되돌아서 출구로 달려가고 싶어졌을 때에는 이미 생각할 수 있는 이지理智를 잃고 온갖 튜브에 매인 채 살덩어리에 불과한 육신에 갇혀 있을지 모른다는 가능성을 그는 가장 두려워했던 것 같다.

이 책은 '자비로운 죽음'과 '죽음의 자기결정권'을 허용하지 않는 그리스 법체제와 종교, 그리고 의사의 위선적 행태를 고발하는 한 인간의 절규이자, 진정한 자유란 생의 권리는 물론 죽음의 권리를 향유하는 것임을 외치는 목소리이다.

그는 이 책의 마지막 말을 카뮈의 《칼리굴라Caligula》로 매듭지었다. 카뮈는 부조리를 극한까지 밀고 나갈 주인공으로 로마제국 3대 황제인 칼리굴라를 선택하여 비극을 완성했다. '모든 인간은 죽어야 한다'는 숙명과 이를 견뎌야 하는 부조리에서 벗어나기 위해 절대자유를 꿈꾸는 칼리굴라는 인의와 규범을 짓밟는 광기 어린 기행과 악행을 벌여나간다. 허무주의의 극단을 치닫던 그는 진정한 자유란 존재하지 않음을 깨닫고, 신하들이 판 죽음의 함정에 스스로 걸어 들어가 창칼에 찔리며 외친다. "나는 아직 살아 있다!"고.

이 말은 칼리굴라와 같은 무자비한 전제자가 언제든 다시 나타날 수 있다는 뜻으로 흔히 해석되지만, 카뮈가 의도했던 것은 삶의 부조리에 대한 무모한 저항과 자유를 향한 몸부림이 계속 이어질 것임을 보여주는 것이었다. 그리스에서 이 책《나의 죽음은 나의 것》이 출간된 때가 저자가 죽기 3개월 전임을 고려한다면, 아직은 살아 있음을, 그리고 아직은 투쟁할 시간이 있다고 외치는 저자 자신의 목소리일지도 모른다.

이 책을 번역한 동기는 이런 죽음도 있다는 것을 알리고 싶어서였다. 죽음 자체는 존엄하지 않다. 또 집착을 내려놓고 해탈한 듯 죽어가는 모습만이 아름다운 것도 아니다. 처절하게 몸부림치며 죽는 것도, 공포와 혼란 속에서 죽는 것도 모두 다 인간의 모습이다. 죽음은 지극히 개인적인 사건으로 정형화가 될 수 없다. 비트겐슈타인의 말처럼 죽음은 삶속에서 일어나는 사건이 아니다. 우리는 살면서 죽음을 경험하지 않는다. 단지 타인의 죽음을 지켜보며 상상할 수 있을 뿐이다.

진정 존엄한 것은 죽어야 할 숙명이라는 이 난공불락의

허무에 맞서 매일을 꿋꿋이 살아가는 우리네 삶이며, 같은 숙명을 짊어지고 고통받는 타인에게 다가가는 실천적 연민이다.

2018년, 늦가을

최보문

1

누구도 죽을 준비는 되어 있지 않다

의사는 죽음을 앞둔 환자가 이에 관해서 납득할 수 있도록 여러 가지 방법으로 설명할 수 있다. 앞으로 남은 시간이 얼마나 있는지, 혹은 잘 치료하면 그 시간이 늘어날 수 있다고 덧붙이거나, 더 이상 치료할 수 없을 때에는 완화요법*을 권할 수도 있다. 수술을 하더라도 그 효과가 미미하다고 판단될 때에는 수술 합병증이 더 문제가 된다는 식으로 얘기할 수도 있다. 암울한 통계수치를 말할 때에는 그런 통계에도 불구하고 사람마다 경과는 다 다르다고 애써 강조할지도 모른다.

아무튼 의사는 철로 된 심장을 가져야 할 것 같다. 당신이라면 환자 면전에 대고 "당신은 곧 죽을 것"이라고 말할 수 있겠는가?

• 협의적으로는 중증의 만성질환자나 말기환자에게 주로 통증 등의 불편한 증상을 줄이고 삶의 질을 높이기 위하여 전인적 돌봄을 하는 의료의 한 방식이다. 질병의 원인을 치료하는 '완치적 치료'와 대비하여 사용된다. 광의적으로는 완치를 위한 공격적 치료가 아닌, 환자의 불편함을 덜기 위한 의료 방법 전체를 지칭하기도 한다. 이 책에서는 협의적 의미로 사용되었다.

2015년 9월, 내가 급속히 진행되는 간암 진단을 받은 것은 8월 여름휴가에서 돌아온 지 얼마 안 되었을 때였다. 날벼락과도 같았다. 대장암에서 전이된 전형적인 케이스라고 하였다(간은 감성의 중추라고 고대 그리스 시인이 말했는가 하면, 철학자들은 욕망의 중추라고도 했다).

그후 항암치료 과정의 3분의 1이 지나도록 암덩어리는 줄어들지 않았다. 오히려 두 달 반이 지나자 원래 크기보다 더 커져버렸다. 그러는 사이 수술을 선택할 가능성은 기각되고, 완치의 희망은 사라져 버렸다. 더욱 강력한 화학요법은 새롭게 시작해보기도 전에 끝나버렸다.

내 몸 안에서 병이 사납게 날뛰고 있었다. 암은 위장으로, 골반 뼈로, 비장으로 폭발적으로 전이되어 갔다. 카운트다운이 시작된 것이다. 이 글을 쓰는 동안, 나는 주로 통증을 완화하기 위해 병의 진행속도를 어느 정도 늦춰주는 약만 처방받아 복용하는 중이다.

그리하여 나는 이 현실을 받아들여야만 한다.

'그렇다면 어떻게 죽을 것인지 알아야 한다, 마지막 숨을 내쉬기 전에······.'•

인간은 '자신이 더 이상 존재하지 않음(비존재)'에 대해 결코 상상하지 못한다고 프로이트는 말한 바 있다. 그가 옳다. 어쩌다 한밤중에 깨어나면 나를 집어삼키려 도사리고 있는 비존재에 가까이 가 있음을 철저히 깨닫곤 했다. 내가 누구인지, 결코 존재하지도 않았던 것처럼 끝나버릴 것이라는 사실을.

온 몸이 으스러지는 느낌이었다. 생에 대한 미칠 듯한 욕구가 피할 길 없는 이 사실을 부인한다. 비명을 지를 것 같은 공황발작 속에서 이를 득득 갈아대며 생각을 돌리려 애쓴다. 다시 잠에 빠진다.

• 에우게니오스 불가리스(Eugenios Voulgaris)가 쓴 책의 한 구절. 그의 저서 《안락사에 관한 논문》(1804)은 안락사에 관한 최초의 저술 중 하나로서 근대유럽 안락사 개념의 주춧돌이 되었다. 특히 'etoimothanasia'는 etoimo(준비)와 thanasia(죽음)를 합친 신조어로서 이 책의 저자가 실천하려 애쓴 생활방식이기도 하다.

가족과 친구, 의사, 직장동료들과 함께 있을 때면 나는
마치 다른 사람 얘기를 하듯 나의 '예상 가능한 시간'에
관해 말하곤 한다. 거울 속에 있는 또 다른 나를 관찰하는
것 같다. 그러나 혼자 있게 되면 이내 감상적으로 변하고
만다.

　여섯 살 난 내 딸이 아빠의 부재에 얼마나 힘들어할지,
어떻게 적응해 나갈지를 생각하는 것도, 상상하는 것도
견디기가 어려워진다. 음악은 젊은 날의 어떤 순간들로
나를 데려가 어느새 바윗돌처럼 가슴을 짓눌러온다. 행복
했던 순간들, 강렬했던 순간의 사진에 까마득히 압도되어
버린다.

　책도 읽지 않게 되었다. 오직 글을 쓸 때만이 아직 건강
한 사람인 것처럼 느껴지는 것이다.

만약 당신이 의사로부터, 불치의 병에 걸려 죽음의 시기가 또렷이 가늠된다는 말을 처음으로 듣게 되었다면, 그 말은 그저 어디에 상처가 났다든가 뼈가 부러졌다는 말처럼 여겨질 것이다. 따스한 육체에 아드레날린이 솟아나오고 있는데, 그 말을 처음 듣고는 큰 타격을 받지 않을 것이다. 당신에게 어떤 일이 닥친 것인지 즉각적으로는 이해가 되지 않을 것이기 때문이다.

그러나 깨달음이 서서히 찾아오면서 괴로움이 잠식해 들어오기 시작한다. 어떻게 나에게 이런 일이 일어날 수 있단 말인가! 온몸의 혈관을 따라 줄달음치는 고통에 몸부림치면서 이 부당함에 맹렬한 분노가 터져 나온다. 균형이 무너지듯 기울어져 가고, 이를 바로잡으려 이성적 논리가 쇄도해 들어온다.

아니야, 아직은 아무 것도 끝나지 않았어, 하루가 다르게 과학이 발전하고 있잖아, 여태까지 잘 싸워왔잖아, 내 인생에서 가장 중요한 이 싸움을 포기해서는 안 돼…….

철학에서도 위안을 구한다. 플라톤의 《파이돈》, 마르쿠스 아우렐리우스, 보에티우스, 세네카, 쇼펜하우어는 확실한 버팀목이다. 더불어 가족과 친구들, 반복되는 매일의 일과는 방황하지 않도록 당신을 잡아주는 탄탄한 손잡이임에 틀림없다.

그럼에도 이 현실은 바꿀 수 없다. 필멸이라는 덫에 사로잡혀 한 치도 움직일 수 없는 이 현실을…… 고통과 노화에 굴복하거나 정서적 극한 상태에 몰리지 않는 한 어느 누구도 죽을 준비가 되어 있지는 않다.

향수가 나를 집어삼키려 한다. 코앞에 다가온 죽음의 유령 앞에서 나는 반사적으로 젊고 건강했던 시절을 떠올린다. 거칠 것 없이 순수했던, 생생한 활기로 찬란하게 빛나던 그 시절, 강렬했던 순간들, 평화롭던 시간, 그 모든 것을 아무런 생각도 없이 소유하고 있던 시간, 그러나 이제는 더 이상 가질 수 없는 시간.

늪에 빠져 들어가듯 향수에 잠겨 마침내 비통함에 심장이 찢어지는 듯하다. 그리고 생각한다. 용서할 수 없는 경박함으로 인생을 흘려보냈다고…… 매순간을 충분히 음미하지도 않고 손가락 사이로 빠져나가게 했다고…… 나는 영원하고 무적이라고 믿고 있었던 극도의 천박함.

나는 묻는다. 과연 우리는 현재의 시간에 본질적으로 존재하고 있는가? 다시 말해, 우리는 현재가 아니라 더 많은 부와 더 많은 직함, 더 높은 지위와 성공, 영광을 꿈꾸며 현재를 외면하고 미래를 향해 살고 있는 것은 아닌가? 우리는 부지불식간에 시시포스*를 닮아가고 있다.

---

* 시시포스(Sisyphos) : 그리스 신화에 나오는 코린토스의 왕. 죽은 뒤에 신들을 기만한 죄로 커다란 바위를 산꼭대기로 밀어 올리는 벌을 받았는데, 그 바위는 정상 근처에 다다르면 다시 아래로 굴러 떨어져 형벌이 영원히 되풀이된다고 한다.

우리가 달려가고 있는 인생의 정점으로 향하는 길에는 곳곳에 실패와 패배, 쓰라린 좌절이 매복해 있고, 어찌되었든 종국에는 노화와 퇴행 그리고 죽음이 기다리고 있다. 미래라는 이름 하에 현재를 충만하게 살지 않는 우리는 현재를 움켜잡을 수가 없다. 미래의 근심으로 성공의 가도를 달리면서도 행복할 수 없고, 종말을 향해 쇠락해 가면서도 과거의 무게로 우리는 불행하다. 행복한 사람은 만나기 어렵다.

그럼에도 생의 마지막이 다가옴에 슬퍼할 이유가 없다면 그 또한 끔찍한 일이다. 그런 사람은 삶에서 기쁨을 느껴보지 않았을 것이라는 단순한 이유에서가 아니라, 타인과 관여될 아무런 일도 하지 않았다는 이유에서이다.

우리는 기억되기를 원한다. 그래서 사람들은 가정을 꾸리고, 아이를 낳고, 친구를 사귀며, 적도 만들고, 그렇게 소통하고 창조하며 다툰다. 기억 속에서 불멸이 되기를 원하기 때문이다. 누군가의 기억 속에 남기를 바라지 않는 사람은 불행하게 죽을 수밖에 없다.

2

평소와 다름없이 사는 것을 선택했다

나는 희망한다. 내가 떠난 뒤 적지 않은 사람들이 상당 기간 나를 기억해주기를.

이 허영심은 내 가족과 친구들에게 국한되지 않고 그 몸집을 불려나간다. 마치 아무 일도 없는 것처럼, 마치 앞으로 살아갈 시간이 많은 것처럼 계속 TV에 나가고, 기사를 쓰고, 새로운 사람을 찾아내고, 심지어 유망 전문직을 새로 잡을 기회를 구하면서 사람들을 만나고 있다.

이상하게도 오직 이 글을 쓸 때만이 '내게는 글을 끝마칠 시간밖에 남아 있지 않음'을 또렷이 알려주고 있다.

이 글을 쓰는 일 외에는 암 진단 이전의 일상을 고수한다. 내 입장에서는 일종의 애교 부리기이자, 몰아낼 수 없는 어떤 것에 대항하려 읊는 일종의 주문 같은 미신적 행위이다. 나는 죽음과 일정 거리를 유지하기 위해 '평소와 다름없이' 사는 방식을 선택했다. 같은 이유로 내 안에 있는 감상적 멜로드라마 성향도 똑같은 방식으로 소각해버렸다. 마지막임에 틀림없는 부활절과 내 생일에도 눈물 한 방울 보이지 않았다.

게다가 가장 가까이에 있는 사랑하는 사람들을 볼 때마

다 매번 이들과 함께 할 시간이 줄어들고 있다는 사실도 생각하지 않으려 애를 쓴다. 이 모래시계 유령은 아내와의 일상을 거의 불가능한 것으로 만들어버리고 아이들과의 접촉도 견디기 어렵게 한다.

나는 괄호 속에 갇혀 있지만 나의 나날은 넓어진다고 생각하려 애쓴다. 그래도 가슴이 옥죄어 오는 건 여전하다.

죽음이 목덜미에 숨을 불어넣기 시작하면 매순간이 더없이 소중해진다고 하는데, 실제로도 그러하다. 주위 사람들은 더욱 애틋해지고, 상황은 격한 감동에 물들고, 풍경과 기억은 한층 생생해진다.

그럼에도 불구하고 사람은 바뀌지 않는다. 사랑과 증오, 열정, 좋아하는 것, 독특함, 특징적 버릇과 습관 등이 복합적으로 어우러진 자기 자신은 달라지지 않는다.

아직도 햇빛은 매혹적이다. 그럼에도 아테네는 여전히 불쾌하다. 내가 죽어가고 있다고 해서 이 혐오감이 무디어지는 것은 아니다. 신경에 거슬리던 것은 아직도 그러하다. 정치에 대한 관심도 전에 가졌던 것보다 더 많아지지 않았다. 아침마다 꼼꼼히 하던 목욕도 전과 똑같은 세심함으로 주의를 기울여 하고 있다.

그리고 여기에서 실토하는 것이지만, 지난 몇 달간 나는 새 차를 살 돈이 있었으면 하고 바랐다!

이따금 숨이 막혀올 때가 있는데, 그건 바로 시내에서 운전을 하거나 도심의 길거리를 걸어갈 때이다. 얼마 후면 이 교통정체와, 이 시끌벅적함과, 이 삶에 나는 더 이상 속하지 않게 될 거라는 사실에 목이 메어와 숨을 쉴 수가 없다. 이 사실을 어디까지, 얼마만큼 나는 받아들여야 할 것인가?

하이데거는 죽음의 개념을 해득하면 개인의 완성이 이루어진다고 했는데, 이 말을 이해하고 있다고 생각은 하나, 거기에서 약간의 허식이 느껴지기는 한다. 요즘에는 혼자 있을 때 《바가바드 기타》를 읽고 있다. 그 책의 몇몇 구절은 나를 야단치는 것 같다. "해야 할 일을 한 사람은 그가 바라던 것을 받는다"는 말은 자아비판을 하라는 완고한 설교이다.

대체적으로 봐서 나는 해야 할 일을 다 했던가? 혹은 내게 편한 것만 골라서 했을까? 내가 바라던 것을 나는 받았던 걸까? 아니면 나 자신이 진정 무엇을 원했는지 알지 못했던 것은 아닐까? 내가 남에게 주어야 했던 것은 모두 다 주었던가? 내가 누려야 마땅한 것들을 다 얻었던가?

죽음을 기다릴 때에는 자기인식에 엄격해진다고 하는데, 그 말에는 의심의 여지가 없다. 그러나 해야 할 일을 완수하려면 계속 살아갈 수 있어야 하지 않겠는가.

나는 죽음과 화해하지 않았다. 결코! 그러나 죽음과 얼굴을 마주 대하고 있는 이 상황에서, 항상은 아니었으나 지키려 애썼던 원칙 한 가지를 이제부터는 고수하려고 한다. 그것은 두려워하기보다는 맞서 싸우는 것이 낫다는 원칙이다. 당연히 나에게 남아 있는 중요한 싸움은 임박한 무(無, Nothing)가 나의 마음과 영혼을 말살하지 못하게 막는 것이다.

3

죽음의 자유는 삶의 자유이다

죽음보다 더 큰 난제가 있을까?

공허void, 존재하지 않음non-existence, '있음being에서 영
零으로의 이행'에 관한 깨달음은 알게 모르게 인간의 마음
을 좀먹게 만든다. 자신이 존재하고 있다는 느낌과 감각
은 생에 대한 강렬한 희구를 낳는다. 그래서 온갖 방법을
동원하여 죽음의 공포가 다가오지 못하게 하려 한다. 사
랑으로, 권력으로, 부귀로…… 아니면 철학적 깨달음에서
해독제를 구하려 한다.

그러나 그 무엇보다도 신앙으로 죽음의 공포를 몰아내
려 한다. 실제로 대부분의 사람들에게 사후의 삶을 약속
해주는 종교가 없는 삶은 상상하기 어렵다. 불확실성과
우연으로 가득 찬 현재라는 태양 아래에서 서서히 타들어
가면서, 운명의 변덕스러움, 불평등, 부당함의 승리에 고
통받도록 숙명 지어진 인간에게 종교가 없다면 희망도 의
미도 사라지는 것 같을 것이다.

신이 존재한다는 생각은 이 세상의 비참함과 고통, 불운과 부당함 등과 불가분으로 이어져 있다. 우리가 이 땅의 계약, 다시 말해 아이들은 죽고, 온순한 자는 탐욕한 자에게 먹히고, 우리 사회에는 악이 득세하며, 소위 '생명은 신의 선물'•이라는 말에는 독이 가득 들어 있다는 사실을 체념하고 받아들인다면, 그리고 비존재로의 회귀에서 도망갈 수 없음을 인정한다면, 신은 더 이상 필요하지 않을 것이다.

그러나 우리는 신이 존재하기를 원한다. 전지전능한 신, 현생에서 자신을 위해 버팀목이 되어줄 신, 그리고 무죄한 자, 조롱받는 자, 불운으로 억울하게 고통받는 자에게 저세상의 환한 빛을 약속해줄 신이.

신은 존재하기 위해서 인간을 필요로 한다. 신이 인간을 창조한 것이 아니라, 인간이 신을 창조했다. 그러나 인간은 스스로 자식의 역할을 선택했다. 창조자 아버지의 무게는 짊어지기에 너무 무겁기 때문이다. 나는 용납할

• 성경을 통해 알 수 있는 그리스도교는 '인간이 가진 모든 것은 신으로부터 주어진 선물이고, 이 선물은 인간 자신의 의지가 아니라 오직 신의 의도와 목적에 따라 사용되어야 한다'고 말한다. 따라서 자살이나 자살을 돕는 행위는 신의 지혜로운 판단 하에 인간에게 내리는 고난을 피해가려는 수치스러운 행위라는 것이다.

수가 없다. 인간의 운명은 감옥이라고, 그 감옥의 판사이자 간수는 신이라는 믿음을.

나는 나의 자유에 긍지를 가진다. 외롭고 가시투성이지만 자유는 나에게 주어진 당연한 권리이자, 자애의 윤리이며, 용기 있는 자의 도덕이다. 그 무엇보다도 가없는 연민의 도덕이다. 생존경쟁 속에서 더 큰 집단에 속하려는 인간의 매일 같은 투쟁에 대한 연민이자, 수많은 사람들이 십자가처럼 짊어지고 걸어가는 불운에 대한 연민이고, 나약한 자를 기다리고 있는 삶의 고통에 대한 연민이며, 무죄한 자들이 흘리는 피와 땀방울 하나하나에 대한 가없는 연민의 윤리이다.

이 모든 것을 살핀다는 자비로운 신은 누구란 말인가? 순결한 낙원에서 추방당한 그의 창조물에 대한 사랑은 어디에 있는가? 사악한 운명과 대면하고 있는 지금 나는 매우 경건한 무신론자이다. 신이 존재한다면 그 신은 재앙을 낳는 무자비한 아버지이자, 온 우주에서 가장 위대한 사디스트일 것이다. 인간만이 인간이라는 종족의 숙명에 연민을 품을 수 있다.

내 삶에서 나는 한 번도 신에게 도움을 구하지 않았다. 죽음이 임박해 있는 지금도 신의 도움은 구하지 않을 것이다. 마음의 평화와 존엄성을 지켜줄 신비의 부적 따위는 내게 필요하지 않다.

삶은 가장 고독한 사람에게조차도 집단적으로 굴러간다. 반면 죽음은 명백히 개인적인 일이자, 그 개인의 선택이고 결정이다. 나에게 죽음의 권리는 가장 근본적인 인간 권리에 해당한다. 죽음의 권리야말로 인간을 속박하는 종교적, 사회적 구속 그 모든 것들을 끊어낼 개인의 자유와 그 개인의 자유의지를 압축해서 보여주는 축도縮圖이다.

그러므로 사람을 조종하려는 뻔한 목적으로 내세우는 앞뒤가 맞지도 않는 근거와 위선적 주장에 강력하게 맞서 싸워야 할 이유가 여기에 있다.

그리스도교는 애초부터 '욥 증후군'*을 앓아왔다. 생명은 신으로부터 주어진 것이고 따라서 인간은 스스로 버릴 수 있는 권한이 없다고 설교한다. 그러면서 한편으로는

---

* 욥 증후군(Job's syndrome) : 그리스도교에서는 욥의 삶을 통해 무죄한 사람도 고통받을 수 있으며, 그 고통에는 분명 신의 선한 뜻이 있을 것이라는 믿음을 갖도록 가르친다. 즉 어떠한 불합리한 상황에서도 신에 대한 믿음에서 시작하여 믿음으로 끝나는 철저한 믿음의 체계를 욥 증후군이라 일컫는다.

고통이란 신이 내린 시험으로서 인간은 이를 견뎌야만 한다고 전한다. 그리하면 저 세상에서 보상을 받게 된다는 것이다.

이렇듯 진부하고도 효과적인 방법으로 가난하고, 나약하고, 고통스러워하고, 학대받는 자들로 하여금 엄격하게 할당된 권리만 주어진 삶에 순응하고, 죽음에 대해서는 어떤 권리도 가지지 못한 채 죽음을 향해 걸어가도록 꾀해왔다. 하느님은 베푸시고 또 그것을 거두어 가신다(욥 1:1~22).

인간은 또 하나의 프로메테우스이다. 지혜의 사과 한 조각을 훔치고, 그로 인해 무거운 형벌에 처해졌다. 불행과 고통으로 가득 찬 이 가혹한 삶에서 죄의식에 시달리며 힘겨운 숙명을 짊어진 채 죽음을 향해 걸어가는 형벌에.

오직 신만이 '언제 어떻게'를 결정할 수 있을 뿐이다. 이런 식으로 설교하는 자들, 또는 그렇다고 믿는 자들에게는 계몽시대나 노동운동이 아예 일어나지 않은 일로 보일 것이다.

사제라면 누구나 다 인간의 생명이 신성하다는 데에 엄정하게 동의할 것이다. 이 조항은 어느 사회에나 명기되어 있고 확실히 적법한 것이어서 서로의 공존을 보장하고 있다. 당연하게도 생명은 나의 것이든 남의 것이든 신성한 것으로 대우해야 한다.

그런데 자신의 죽음에 관해서는 말할 것도 없고 자기 생명에 관한 것을 결정할 권한을 가진 사람은 오직 자기 자신뿐이다. 그럼에도 인간 생명의 신성함을 그리도 열렬히 설파하는 자들은 누구인가?

전쟁에 사용되는 살상용 무기 앞에서 애국심에 가득 차 있는 채 신의 가호를 빌어주는 사제들이 그들이고, 국가로부터 죽음을 언도받는 사형수에게 자애롭게도 종부성사를 행하는 자들이며, 자살한 자와 이단자를 파문하는 사제가 바로 그들이다. 범죄자들을 파문하는 것이 아니고 말이다.

또한 그리 오래되지 않은 시절, '그리스도의 병사들'이 한 종족 전체를 말살하는 것을 묵인한 자들이고, 서구 식민주의가 자행한 비인도적 행태를 인정하고, 자신만이 진리라고 주장하는 전쟁에서 그리스도 교리를 위해 피의 강을 흐르게 한 자들이며, 신성 종교 재판소에서 무죄한 자들에게 끔찍한 고문을 가한 성직자야말로 바로 그들인 것이다.

  '생명의 신성함'은 이들 위선자를 위한 맞춤메뉴일 뿐이다. 그들에게 화가 있을진저!

똑같은 위선이 국가를 지배하고 있어서, 시민의 안녕을 보살핀다 하면서도 웰다잉*의 권리는 부인하고 있다. 시민은 물론 소수자의 자기결정권을 보장하는 수많은 국제조약에 공동서명을 했으면서도 죽음에 관한 개인의 자기결정권은 부인하고 있다.

낙태가 허용되어 왔는데, 이 말은 태어날 생명을 앗아가는 것이 허용됨을 의미한다. 그러면서도 견디기 어려운 생애 말기의 고통에 처한 사람에게 마땅히 해주어야 할 안락사는 금지하고 있다. 한편으로 정치인들은 인간의 존엄성을 이슈화하면서도 존엄한 죽음은 금기시하고 있다. 말하나 마나겠지만 그들을 찍어줄 표를 끌어들이지 않기 때문이다.

---

* 인간 모두가 지향할 최종적 목표로서 '잘 준비된 죽음을 맞이하자'는 것이 웰다잉(well-dying) 운동이다. 대개 웰다잉에서는 안락사와 같은 논란의 주제를 다루지는 않지만, 이 문장에서는 웰다잉을 존엄사와 같은 의미로 썼다.

많은 사람들에게 생명은 기적의 베일에 감싸여 있는 것으로 보인다. 종교의 교의가 주입되어 알게 모르게 거기에 물들어간 사람들은 '생명은 선물'이라고 주장하며 'etoimothanasia'** 개념을 배척한다. 누구에게 주는 선물? 무슨 이유로 주는 선물?

물론 나는 삶이 특권과 낙으로 가득 찬 사람들을 만났었다. 가난하지만 건강하고 삶을 즐기는 사람들도 보았다. 오랜 세월 고생하거나 질병에 시달린 자국이 온몸에 새겨져 있어도 살아 있음에 기뻐할 이유를 마침내 찾아낸 사람들도 보았다.

그러나 그들과 다른 사람들도 있었다. 육체적 정신적으로 기력을 다 소진하여 생명 자체가 무거운 십자가가 되어버린 사람들 말이다. 이런 사람들에게는 '선물'을 반환할 수 있도록 허용해야 한다. 더 이상 그 선물을 원하지 않고 있다고 결정하는 것은 그들에게 주어진 자명한 권리이다.

그러나 이 사회에 만연한 도덕성은 이와는 다르게 규정

** etoimothanasia : 에우게니오스 불가리스(Eugenios Voulgaris) 주교가 〈안락사에 관한 논문〉에서 제시한 신조어이다. 죽음과 화해하기 위해서는 영적 준비가 필요하며, 죽음의 공포를 완화하려면 신앙심과 신의 섭리에 대한 믿음의 힘을 고양시켜야 한다고 주장했다. etoimothanasia는 그러한 죽음의 준비를 의미한다.

하고는 '사회적 책무는 인간의 가장 소중한 소유물인 생명을 보호하는 것'이라고 선전한다. 그 사회적 책무라는 것에 대해 말하자면, 지금까지의 인류역사상 신의 율법에 따라, 그리고 법치국가의 인장에 의하여 서로를 죽이는 일을 막지 않았으면서도 말이다. 안락사가 그리도 괘씸한 일이란 말인가?

나는 변호사들은 솔직히 그냥 제쳐두고 있다. 그들은 끊임없이 용어를 꼬치꼬치 따지고, 분류와 아분류로 나누고, 주석인지 뭔지를 달고 있다. 그들의 목표는 본질을 파악하는 데 있지 않고, 쪼개고 나누어서 본질을 철저히 탈색시키는 데에 있다. 무엇보다도 그들에게 본질은 중요하지가 않은 것이다.

요즈음에는 기존의 법 프레임을 안락사 문제에 그대로 적용하고 있다. 내일이라도 법이 바뀐다면 지금과 똑같은 성실함으로 다시 새 프레임을 적용할 것이다. 그들에게 신경 쓰지 말자.

하지만 의사는 전혀 다른 또 하나의 문젯거리이다. 소수의 의사는 안락사를 지지하지만 그 중 몇몇을 제외하고는 실행하는 것은 고사하고 공개적으로 지지한다고 시인하는 것조차 두려워한다.

더 위선적이고 보수적인 의사는 "나는 누가 요청한다 하여도 치명적인 약은 처방하지 않겠노라"는 히포크라테스 선서의 문구를 방패처럼 앞에 내세운다. 그러면서도 바로 그 다음 문구인 "마찬가지로 나는 낙태 약을 여자에게 주지 않겠노라"는 말은 슬그머니 생략해버린다. 바꿔 말하자면 사제가 종교적 신념을 내세우는 것처럼, 히포크라테스 윤리는 의사를 위한 맞춤형 메뉴인 셈이다.

그렇다면 회복될 수 없는 상태의 환자인 경우, 그 생명을 인위적으로 연장하는 행위는 히포크라테스 선서에 비춰 보아 합당한 것인가? 소위 식물인간 상태가 되어버린 환자에게 히포크라테스 윤리는 어찌해야만 하는가?

물론 의료윤리를 착각하고 자신은 이를 준수한다는 신념 하에 이러한 환자의 생명을 연장하려 애쓰고 있는 의사들도 있다. 그러나 현대 의료인 사회에서 극히 적은 수를 제외하고는 환자를 위하여 열성적으로 싸우려들지 않는다(마치 '나는 나의 능력과 판단에 따라 병자를 이롭게 하기 위하여 올바른 섭생법을 적용하겠노라'와 같은).

의사들이 전능한 '작은 신' 행세―이것이 의사 증후군이다―를 하는 동안 의료비 총액은 하늘 높은 줄 모르고 치솟고 있다. 고가의 의약품과 의료기자재를 소모하면서 막대한 돈을 시장에 공급하고 있는 것이다. 의료윤리의 원칙에 충실할 것을 서약('제자와 후배에게 교훈과 구술 훈련 그리고 다른 가르침들을 전수하리니······')하는 이들 의사는 히포크라테스를 섬기는 것이 아니라 실은 시장을 지배하는 마몬Mammon*에게 봉사하고 있는 것이다.

뿐만 아니라 의사는 골치 아픈 딜레마를 회피할 핑계거리를 만들어내서 그것으로 호소하고 있다. 그들이 주장하는 바에 따르면, 현대에 이르러 통증 관리는 크게 발전하였고, 작금의 완화의료적 방식으로 말기환자가 더 오래 살 수 있고, 삶의 질을 적당히 유지할 수도 있으며, 고통스럽지 않게 사망할 수 있다는 것과, 심지어는 마지막 시간에 간접적인 형식의 안락사**가 이루어질 수도 있다는 것이다. 예를 들어, 더 이상 필요한 약을 투여하지 않는다던가 하는 방법으로 말이다.

이미 혼수상태이거나 혹은 그 상태로 빠져들어 가는 환자가 되돌아올 길이 없다는 사실을 뻔히 알면서도 의학적 규칙에 따라 모르핀을 투여하고 온갖 튜브를 연결하여 생명을 연장시키고 있다. 이것이 통증 관리와 아무 상관이 없다는 사실은 차치하고라도, 이러한 행위가 과연 얼마만

• 마몬은 〈누가복음〉서의 구절을 인격화한 것으로서 탐욕과 부유함, 부정직함을 관장하는 악마로 그려진다.
•• 여기에서는 연명의료의 중단을 의미한다.

큼 윤리적이라고 볼 수 있는가?

인간의 존엄성은 어느 범위까지 온전히 지켜져야 하는
가? 그리고 왜 이 일을 환자 자신이 결정하지 않고 의사가
마치 신처럼 결정해야 하는가? 개인의 자기결정권이 법률
로 명확히 정의되어 있는 상황임에도 불구하고?

사회에 관해 온갖 것을 걱정하는 일이 자기 본업인 사람들은 또 다른 걱정거리를 만들어내고 있다. 안락사가 법제화된다면, 미끄러운 경사길slippery slope •을 굴러 내려오는 것처럼 사태는 걷잡을 수 없이 진행될 것이고, 웰다잉을 지지하는 사람들이 기하급수적으로 증가하게 된다는 것이다.

말하자면, 그동안 엄격히 금지해왔던 것이 사실은 기존의 사람들이 필요로 하던 바로 그것에 해당한다는 뜻밖의 사실에 여러 제도적 권력들은 깜짝 놀라고 있다. 그렇다면 그다음에는?

이들의 동맥경화적 사고방식에 의하면, 서구의 인구 문제는 낙태를 합법화했기 때문에 일어나는 일이고, 신앙심이 약화되어 가는 이유는 교회에서 올리는 결혼식이 아닌 민간결혼식을 허용했기 때문이다! 그들은 신학자 중에서도 가장 현란한 이론으로 유명한 토머스 아퀴나스의 주장을 따르면 확실하게 안락사 문제를 속속들이 파악할 수

• 안락사 논쟁에서 반대 진영이 사용하는 논리로서, 자발적 안락사가 간접적 방식으로 허용될 경우에는 경사진 길 위에서 속수무책으로 미끄러져 내려오듯 더 과격한 안락사, 예컨대 환자가 죽음을 원치 않거나 의사표시를 할 수 없을 때 직접적으로 죽음에 이르게 하는 비자발적-직접적 안락사로 곧바로 이어질 것이라고 주장할 때 이 표현을 인용한다.

있을지 모른다고 생각한다. 아퀴나스는 안락사가 자연적인 생존본능에 반하는 것이라고 주장한 바 있다.

그러나 사실 안락사는 맑은 이성과 성숙한 영성, 그리고 도덕적 균형을 갖춘 사람을 전제로 하는, 죽음의 개별적 실천과 같은 말이다. 완전히는 아니더라도 거의 확실히 웰다잉은 존속할 것이고, 비록 입법화가 된다 할지라도 이를 선택하는 사람은 아마도 그리 많지 않을 것이다. 대부분의 사람들은 종교나 이념 혹은 정치적 정당 등등 어떠한 종류든 간에 특정 집단에 속하지 않으면 벌거벗은 것처럼 느낀다. 그들은 어떠한 개인적 자유의 무게도 거의 본능적이다시피 포기한다.

죽음의 권리를 실천하는 것보다 더 강력하게 개인의 자유를 표현하는 일은 없다. 자기만의 방식에 따라 살아온 사람만이 죽음을 자기방식으로 선택할 수 있는 것인지도 모른다. 사람들 대부분은 정해진 조건대로 살고 있다는 사실조차 깨닫지 못하기 때문이다.

그럼에도 불구하고 제도적 권력은 마치 악마가 향기를 기피하듯 안락사라는 주제를 기피하고 있다. 그러한 제도 권력들 앞에서 선도하는 것이 알다시피 종교이다. 그들은 무엇을 두려워하고 있는가? 그들이 주장하는 바처럼 무책임하게 남용되거나 걷잡을 수 없이 증가할 것을 우려하는 것은 분명 아니다.

그들이 두려워하는 것은 전면 합법화가 끌고 올 새로운 사고방식의 도입과, 법제화로 인하여 확산되어 갈 의혹이 그들 자신에게 부수적으로 피해를 입힐 것이라는 점이다. 생각해 보라. 인간이 갑작스레 자기 죽음의 주인이 될 권리를 획득하게 된다면, 당연히 자기 생명의 주인이 될 권리를 주장하지 않겠는가?

권력은 한계를 정함으로써 권력이 될 수 있고, 그렇게 사회는 통제 하에 있게 된다. 만일에 죽음의 권리가 공식적으로 인정된다면 현재 유지되고 있는 상태는 돌이킬 수 없이 흔들리게 될 것이다. '통제할 수 없이 확산되는 것'이야말로 어디에나 현존하는 보수권력이 두려워하는 것이다. 죽음의 자유는 삶의 자유이다. 자유는 전복적이다.

4

삶에서는 노예였으나
죽음에서는 주인이 되었다

자살한 사람은 어느 사회에서나 추방당해 왔다. 고대 키프로스와 테베에서는 자살하게 되면 어떤 묘소에도 묻힐 수가 없었다. 아테네에서는 자살자를 매장하는 일꾼이 따로 구분되어 있었다. 플라톤은 그의 저서《법률Laws》에서 "자살자는 죽은 개처럼 조용히, 묻힌 흔적도 없이 매장되어야 한다"고 적었다. 그리스도교에서는 자살한 자의 장례의례를 거부했다.

자유는 전복적이다. 그리고 자살은 노골적인 자유의 행위이다.

묘지에는 상상해낼 수 있는 온갖 종류의 범죄자들이 묻혀 있다. 인간의 탈을 쓴 괴물, 방자한 사기꾼, 악명 높은 죄인이거나 평범한 죄인, 비인간적인 약탈자 등등. 그러나 이들 중 그 어느 누구도 교회로부터 장례의례를 거부당하지 않았다. 교회의 고해소에서는 고해하는 갖가지 죄악을 무상으로 은밀하게 모든 사악한 자들에게 빠짐없이 사면해주고 있었다.

역사가 흐르면서 종교 권력은 압제자들과 타협해왔고 무릎을 꿇는 일도 비일비재했다. 심지어 피에 굶주린 정권에게조차 자기 손에 피를 묻히지만 않는다면 기꺼이 봉사를 해왔다. 오직 자살한 자들만이 그들 옆구리에 박혀 있는 가시였다. 왜냐고? 자살한 자는 그들에게 위협이기 때문이다.

자살자는 인간의 영혼을 속박하는 종교의 멍에를 벗어던지라고 압박해 들어온다. 매일 성호를 긋고, 밥벌이를 나가고, 항상 순종하던 보통사람들이 돌연 그들 자신의 죽음을 통해 일어서고 있던 것이다. 그들은 더 이상 평범하지 않다. 스스로 비극으로 솟아오르는 존재들이다. 그들은 라로슈푸코*가 불가능하다고 생각했던 것을 실행할 수 있었던 사람들이다. 자신의 죽음을 똑바로 들여다보고 그리하여 자신의 하찮은 인생을 숙명으로 바꾸어버리는 것을.

평범한 자살에 관해 얼마나 많은 새로운 견해가 종교, 정치, 사회 분야에 사장된 채 묻혀 있는 것일까? 에밀 시오랑Emil Cioran은 어떤 제도에서도 자살에 관해서는 사소한 논쟁조차 하지 않는다고 말한 바 있다. 살아 있음을 더 이상 견딜 수 없는 사람에게 해답은 무엇이란 말인가?

• 라로슈푸코(François de La Rochefoucauld, 1613~1680)는 프랑스 귀족 출신의 작가이자 도덕주의자이다. 음모와 배신, 부상과 감옥생활 등을 겪고 고향 베르트유로 돌아가《회상록》을 집필했다.

자살은 인간의 특권이다. 우리의 이웃이 자살하기 전에 느꼈을 절망과 공포, 비탄과 환멸, 이 모든 것들의 한가운데에서 피워 올린 그 용기를 나는 부러워한다. 그는 자기 생의 노예였으나 자기 죽음에서는 주인이 되었다.

또한 나는 이 시대에 이상적으로 자살한 사람을 찬미한다. 자살을 최후의 웅변으로, 불멸의 작품으로 만든 그들을 말이다. 가령 폴 라파르그Paul Lafargue는 육체적 영적 퇴행이 기다리고 있는 삶에서 70세 이후에 다가올 고통을 거부하고 스스로 죽음을 약속하여 이를 실행에 옮겼다. 시인 코스타스 카리오타키스Kostas Kariotakis는 평범한 삶에서 가장 참을 수 없는 방식으로 죽음이 득세하고 있음을 시로 읊었다. 그리고 자신이 읊은 시에 완벽히 충실하여 '죽음으로 죽음을 멸하고'** 스스로를 자유롭게 해주고야 말았다.

자기 작품은 불살라지고, 삶은 저당 잡혔으며, 인류역사 상 가장 참혹했던 전쟁에 삶의 목적 전부가 파괴되는

** 카리오타키스는 결국 권총 자살로 생을 마감했다. 그의 시의 한 구절인 '죽음으로 죽음을 멸하고'는 동방정교회와 비잔틴 의례를 따르는 교회에서 사용하는 부활절 찬송가의 한 구절 '……그리스도께서 부활하셨네. 죽음으로 죽음을 멸하시고 무덤에 있는 자들에게 생명을 베푸셨나이다'에서 인용한 것이다.

것을 목격해야 했던, 그리하여 온 힘을 다해 그러한 세상을 거부하고 더 이상 살아가지 않을 것을 결심한 슈테판 츠바이크Stefan Zweig도 빼놓을 수 없다. 그리고 아서 쾨슬러Arthur Koestler는 병이 깊어짐에 따라 생각하는 것도 글 쓰는 것도 힘들어졌을 때 생명이란, 예술을 위한 예술처럼, 그 자체로 의미가 없다고 판단하였다.

자유로운 영혼으로 살았던 다른 많은 사람들 또한 자신의 죽음에서는 의식적으로 자유로웠다.

나는 그대들을 존경한다. 그대들을 찬미한다. 나는 그대들과 같은 용기가 부족하다.

5

나는 거부한다
'법과 종교와 의료'가 결정해주는 죽음을

치열했던 시민전쟁에서 좌익 편에 서서 싸우다 살아남은 오랜 친구가 있다. 이 친구는 당시 사형선고를 받은 좌익 투사들로 가득 찬 감옥에서 보았던, 지독히 상반되는 현상에 관해 얘기해주었다.

어떤 사람들은 가장 끔찍한 고문 — 감방으로 되돌려 보내질 때면 마치 피에 젖은 담요로 둘둘 뭉쳐진 핏덩어리같아 보였다 — 을 받으면서도 전향하지 않았고 단 한 마디도 실토하지 않았다. 그러나 총살대 위에서 총부리가 겨누어졌을 때에는 어린애처럼 흐느끼며 주저앉았다는 것이다.

반면 어떤 사람들은 고문의 고통과 피가 무서워 첫 한 방의 주먹에 산산이 무너져 내리고 말았다. 그럼에도 그들은 막상 총살대 위에서는 두려움 없이 꿋꿋이 서서 당당하게 죽어갔다고 한다. 인간은 언제나 놀라운 존재이다.

나는 후자에 속한다. 죽음이 다가오고 있다는 생각을 나는 꽤나 용감하게 받아들이고 있다. 그러나 닥쳐올 통증을 예상하면 몸이 흠칫거릴 만큼 두렵다. 급격하게 진행될 육체적 쇠락과 이 모든 것에 속수무책으로 무력하게 주저

앉아 있어야 한다는 사실에 미칠 듯이 분노하게 된다.

혼수상태에 빠져 있거나 아무 의사소통도 할 수 없는 모습으로 병원 침상 위에서 말라비틀어져 가는 나를 내 가까운 사람들이 지켜보기를 원치 않는다. 삶에서 이미 단절되어 버렸으나 생명만은 붙어 있는 그러한 전형적인 상태에 빠져버린 나를 누군가가 보길 원하지 않는다.

내 의지에 반하여, 어떻게 생겨먹은 도덕이, 과연 어떤 의료윤리가 내 앞에 놓여 있는 독이 든 잔을 마시지 말라고 강요할 수 있겠는가?

스위스 취리히에는 다른 나라 국적을 가진 사람에 한하여 존엄한 죽음을 원할 경우 이를 돕는 기관이 있다.* '조력자살'이라 불리는 일종의 안락사를 제공하는 곳으로서, 물이나 주스에 섞은 헴록 독을 마시면 명료한 의식으로 가까운 사람들의 손을 잡고 평온하게 떠날 수 있게 해주는 서비스이다.**

이것이 애초부터 내가 마음속에 품었던 해결이었다. 너무 늦지 않았기를, 급속도로 달려드는 이 병이 내가 거기에 가는 데 필요한 절차를 따라잡지 않기를.

그 절차에 드는 비용도 무시할 만한 액수가 아니다. 처음부터 마음에 품어온 이 비상 탈출구를 놓치게 될까 봐

---

* 스위스에 기반을 두고 있는 디그니타스(Dignitas)가 그 중 하나이다. 말기 환자 등이 자율적으로 조력자살을 결정할 경우, 확립된 절차를 거쳐 심사하고, 의사에게 치사약을 처방받은 후 비영리 시설에서 임종할 수 있게 돕는다. 처방받기 전에 정신과 의사나 심리상담사를 만나 정신적 문제로 인한 것이 아님을 확인받아야 한다. 개인에 따라서는 치사약을 처방받고 스스로 투여하기도 하는데, 이 책의 저자는 이 방법을 썼다고 한다.

** '조력자살'의 정확한 용어는 '의사조력죽음(physician aid in dying)'이다. 자율적 자기결정이 가능한 말기환자가 견디기 힘든 상태에서 죽음을 결정하고 도움을 청하면 의사는 치사약을 처방한다. 약을 언제 어디에서 투여할지는 환자의 자기결정에 달려 있다. 윤리적 논쟁을 거쳐 지금은 미국의 여러 주, 캐나다, 유럽 몇몇 국가에서 시행되고 있다.

나는 두렵다. 미칠 듯한 분노와 유린된 자의 겸허함으로
나는 지금 이 말을 한다.

나는 지난 두 달간 두 번에 걸쳐 이상적으로 생명을 벗어나는 경험을 할 수 있었다. 작은 수술을 받기 위해 전신 마취를 받을 때였다. 미처 알아채기도 전에 1초의 몇 분의 1도 안 되는 순간에 비존재 속으로 빠져들어 갔던 것이다. 한순간 간호사에게 미소 짓는다고 생각했는데 다음 순간 깜깜해졌다.

다시 의식이 돌아왔을 때 맨 처음 머릿속에 떠오른 생각은 이런 것이었다. 그래, 죽음은 그리 무서운 것이 아니구나. 쉽사리 잠에 빠지는 사람들이 매일 밤 잠자리에서 경험하는 순간과 비슷하게 느껴졌다.

그렇다 하더라도, 어떤 의사가 내 시간이 카운트다운에 들어가자마자 때맞추어 평온하게 나를 해방시켜 줄 것인가? 그런 착한 사마리아 인의 역할을 어떤 의사가 맡아줄 것인가? 어떤 법률가가 그런 의사의 행동을 정당화시켜 줄 것인가? 어떤 사제가 그 의사를 옹호해 줄 것인가?•

• 그리스 사회에서도 2000년대 중반 이후 안락사 문제가 공론화되곤 했으나, 법은 여전히 임종을 몇 시간 앞둔 사람일지라도 죽음을 앞당기는 어떠한 행위도 살인으로 규정하고 있다. 그리스정교회의 완강함과 정치적이고 미온적 태도로 인해 아무런 변화도 일어나지 않았다.

병원에서 나는 불치병의 쇠약한 환자들과 마주치곤 했다. 그들은 자신에게 남아 있는 마지막 한 방울의 생명을 그악스럽게 움켜쥐고 있었다. 종종 변형된 외관으로, 발을 질질 끌며 지치도록 걸어 다니거나, 혹은 병상에서 벗어나지 못하는 상태로 살고 있었다. 하지만 그럼에도 그들이 결코 포기하지 않으리라는 것은 눈을 보면 알 수 있었다.

젊거나 장년인 다발성 암환자가 독한 항암치료와 여러 차례의 수술로 생지옥과 같은 고통을 겪는 것도 보았다. 그 고통을 통과함으로써 그들은 따스한 햇볕과, 곁에 있는 배우자의 존재와, 아이들의 애정 어린 눈빛과 친구들의 위로를 누릴 특권을 놓치지 않는 것이다. 그들의 선택은 존경스럽고 그들의 투쟁은 감탄할 만하다. 그들이 그 정의定義상 도덕적으로 법적으로 올바른 어떤 것을 선택해서가 아니라, 그것은 그들이 원한 것이었다는 이유에서이다.

누군가는 죽음에 대항하여 마지막까지 싸우고, 또 다른 누군가는 어느 시점을 넘어가면 잠의 쌍둥이 형제인 죽음을 선택한다. 어느 누가 무슨 권한으로 나와 상의하지도 않고, 내가 죽어도 될 때와 장소, 그리고 죽음의 방식을 결정할 권리를, 나 자신이 아닌 종교, 법, 의료 등등에 넘겨주었단 말인가?

누가 어떤 권한으로 우리네 삶에 경계선을 그으려는 자들로 하여금 죽음을 선택할 자유를 빼앗아가게 하였는가?

6

시장경제 원리라는 괴물이
안락사의 키를 쥐고 있다

우리 사회에는 지적 무기력이 만연하고 지배적 제도 안에는 위선이 무성하다. 안락사와 관련된 모든 이슈는 극도로 난해한 법률용어와 도덕적 탁상공론으로 둘러싸여 있다. 아니면 주일학교에서 교리로만 다루어지는 등 금기로서 잘 간수되어 왔다.

그럼에도 서구사회에서는 이 금기가 일반적으로 용인되는 제도로 확립될 시기가 서서히 다가오고 있다. 적어도 나는 그렇게 확신한다.

그러한 추세 변화가 조심스럽기는 하나 이미 가시화되고 있다.* 그렇게 되는 이유는 그것이 합리적이고 공정해서가 아니라, 감지되고 있는 기술전체주의techno-totalitarianism**의 출현이 시장 원칙과 합쳐지면서 필연적으로 죽음을 규제하게 될 것이기 때문이다. 과거에 생명의 규제를 풀어버린 것과 똑같이 말이다.

- 유럽에서 환자의 자기결정권에 의하여 적극적 안락사가 허용된 곳은 네덜란드와 벨기에이다.
- ●● 기술전체주의란 전 영역에 걸쳐 집권권력의 실질적인 통제가 이루어지는 것을 전체주의라고 정의한다면, 이것이 기술발달 특히 4차 산업혁명의 디지털 정보기술과 결합하여 통제의 전체성이 완성되는 상태를 말한다.

서구는 완전고용시장과 영구히 작별했음을 선언해왔다. 그러나 완전고용시장이 구축되지 않고서는 장수하고 있는 현재의 기대여명이 언제까지 유지될지 장담할 수가 없다. 인구학적으로 위축되어 가고 있는 고령화 사회에서 연금재정만으로 건강 장수를 지원할 수 없기 때문이다. 관련 연구에 따르면 이러한 경향은 현 세기 말까지 지속될 것이라고 한다.

따라서 생명경제에 관한 비용요소는 수정될 수밖에 없을 것이고, 소모경비는 한계효용에 따라 평가될 것이다. 말하자면, 연금재정과 의료제도에 짐이 되는 사람들, 경제의 신 몰록*에게 마땅히 자기 몫을 치르지 않는 사람들의 생명연장은 손해로 간주된다는 의미이다. 이와 똑같은 경제 구도로는 노쇠한 연금생활자들이 자연사로 사망할 때까지 돌보는 데 소요되는 경비를 감당할 수가 없다.

그리고 현대사회에서 법과 도덕률 등은 경제논리에 의해 좌우되고 있다. 경제학자들이여, 우리 서로 속임수는 쓰지 말자. 그대들이 주장하는 사회적 돌봄 모델은 카이

---

* 몰록(Moloch) : 희생물로 어린이를 받는 가나안의 신으로 구약성서에 묘사되어 있다. 근현대 문학작품에서 묘사되는 몰록은 매우 비싼 대가를 요구하는 사람 혹은 일이나 사물을 지칭하는 데 사용되었다.

아다스**가 그렸던 예방적 사회보장제도를 말함인가? 그러나 경제다원주의라는 동전의 뒷면에는 정치적 측면이 자리 잡고 있다.

미래의 언젠가에는 정부 당국이 기발한 이념과 평가기준을 근거로 하여 국민의 생명을 좌우할 재량권을 가지게 되는 일도 충분히 있음직한 일이다. 이상한 말로 들리는가? 그러나 개인과 사회집단을 지배하려는 전체주의적 경향이 우리가 의식하기 어려운 식역識閾 하에서 대의민주주의의 탈을 쓰고 슬며시 기어들어 오고 있음은 이미 감지되고 있다.

** 카이아다스(Kaiadas) : 고대 스파르타 도심 한가운데 있었다고 알려진, 깊이를 잴 수 없는 틈으로서, 장애아로 태어난 신생아나 불구자, 노쇠한 자들을 던져 넣었다고 한다. 현대에는 주로 비유적으로 사용되고 있는데, 장애인과 노인 등 경제적으로 짐이 되는 사람을 복지혜택에서 배제하려는 움직임을 빗대어 말한다.

그렇다. 나는 예견할 수 있다. 의료도, 도덕 이론도 경제적으로 실천불가능하거나 지배체계가 더 이상 바람직하지 않다고 판단된다면 어느 것도 지지하지 않게 될 것이라고. 그리고 그러한 날이 머지않아 닥쳐올 것이라고.

그때가 되면, 우선적으로 안락사에 관해 알맞게 재단된 주장이 풀려나올 것이고, 이어서 입법화 수순이 진행될 것이다. 심지어는 가난하고 취약한 자, 불치의 병자와 정신장애자 등에게 어떤 식으로든 부과될 수도 있다. 일반시민에게는 논란의 여지가 없는 확실한 자신의 권리로, 모든 노인에게는 사회에 대한 도덕적 의무로 여겨질 수도 있다.

보험회사에게는 축복과 같아서, 연금재정 부담을 줄이고 의료비 지출 압박에서 벗어날 수 있게 될 것이다. 고대 스파르타의 검소한 삶의 방식과 표현 방식을 한 마디 말로 바꿔 말한다면 '사회적 우생학'이라고 비꼴 수가 있는데, 그러한 방식이 현대 서구사회에서는 사회나 국가의 생존력 지표로 대두될지도 모르겠다.

그때가 되면 '안락사는 생명에 대한 죄악'이라고 부르

짖는 의사, 법조인, 도덕론자, 인도주의자, 사제 등등은 어떻게 나올까. 이들 모두는 자기네 신념과 선서와 죄의식을 도로 꿀꺽 삼키고, 입법화하는 데 도움이 되도록 안락사가 행위로서뿐만 아니라 양심적 결단이라고 주장하는 도덕-과학 종합 패키지 이론을 내놓지 않을까.

교회는 어떻게 하면 신정주의神政主義적 측면에서는 완고하면서도, 동시에 세속적 측면에서는 전적으로 유연할 수 있을지를 잘 알고 있다. 낙태와 동성 결혼의 합법화에 대해 타협한 것과 똑같은 방식으로 웰다잉 제도가 확립되는 일도 감수하려 할 것이다.

사회적 미덕의 수호자들이여! 인간의 삶은 예정된 것이라고 위엄 있게 외치는 자들이여! 그대들은 폰티우스 필라투스처럼 신의 이름 뒤에, 법의 망토 아래, 히포크라테스 선서 뒤에 숨어 있구나. 오늘 그대들이 개인의 자유와 존엄성이라는 이름으로 권리로서 인정하기를 거부하는 것은 내일이면 시장 원칙의 강요 하에 열한 번째 계명*으로 받아들이게 될 것이다. 미온적으로나마 이의를 제기하겠지만 그것은 단지 복종하는 자신이 부끄러워 수치심을 가리기 위한 것이겠지.

그렇다. 지금 상황을 살펴보면 고대 스파르타 방식으로 돌아가는 것이 불가피한 것처럼 느껴진다. 더군다나 정치적으로 합리적인 회귀일 수도 있다. 스파르타에서 불구로 태어나 카이아다스에 던져진 아이들 중에는 소크라테스와 같은 기개를 가진 아이도 있어서 미래에 스파르타를 아테네만큼 강력한 국가로 만들 수 있었을지도 모른다. 정신지체아, 불치병자, 노인들에게 그런 일이 일어나지 말라는 법도 없다.

---

* '열한 번째 계명'이라는 표현은 성서의 십계명에 비유한 것으로서, 반드시 지켜야 할 사항 이외에 매우 유용한 것을 지적할 때 흔히 사용되는 일상어이다.

말하라, 그들은 무한경쟁에서 쓸모없는 짐짝에 불과하고 사회보장제도를 흔드는 존재라고. 이 가혹한 세상에서 신과 히포크라테스의 의미는 초라하기 짝이 없다. 모든 것은 경제로 시작하여 경제로 끝난다.

당신은 당연히 이렇게 물을 것이다. 인간 생명의 존엄성은 어떻게 되는데? 서구의 인도주의적 자유주의는? 어떻게 우리의 문명사회가 계몽주의의 "언약의 궤"를 걷어차 버릴 수 있단 말인가?

참으로 순진하고도 역사에 무지한 질문이다. 그리스도교에 충실했던 수세기 동안 유럽은 지치지도 않고 흉포하게 서로를 학살해 왔고, 유럽의 민주주의자들은 가장 잔악한 식민주의를 자행했으며, 유럽 국가들은 서로를 탐내어 수천 명씩 사람을 죽여왔다. 서구 문명의 역사보다 더 비인도적이고 더 많은 피로 물든 역사는 없을 것이다. 그리고 이러한 서구의 자본주의 역사는 불평등의 문명화이자, 그 결과와 상관없이 사회적 인종차별의 씨앗을 품고 있는 계급문화이다.

우리가 믿고 싶은 것이 무엇이든 간에, 신자유주의적

다원주의가 지배하고 시장만능주의와 오만한 세계화 자본이 만연한 현대 서구사회에서, 인간의 생명은 수사학적으로도, 입법적으로도, 헌법상으로도 그 자체로 가치를 가지고 있지 못하다.

마몬은 공리주의의 편이어서 인간의 죽음을 마다하지 않는다. 종국에는 마몬이 승리할 것이다.

7

내 삶의 권리를 스스로 꾸려왔던 것처럼

오직 내 죽음의 권리를 요구할 따름이다

아니, 이사야의 예언은 틀렸다. 죽은 자는 일어나지 않을 것이고 시체는 무덤에서 나오지 못할 것이다. "한순간 반짝하던 빛이 사라지고 나면, 우리에겐 똑같이 영원할 밤의 잠만 남아 있을 뿐이다"라고 한 카툴루스의 비극이 옳다.

나는 알고 있다. 내가 이 생을 떠날 때, 심판의 방도, 엘리시온 들판도, 축복의 땅도, 그 어떠한 것도 나를 기다리고 있지 않음을. 사람들은 나를 애도하겠지만, 그러나 내 존재는 빗속의 눈물처럼 지워져 갈 것이다.

내가 누구였는지, 남아 있을 사랑하는 사람들의 기억 속에서도, 내 아이들의 DNA에서도, 변함없이 유지될 사진과 영상에서도, 내가 쓴 글에서도 점차 희미해져 가고 언젠가는 사라져버릴 것이다. 괜찮아, 별거 아니야! 하고 말할 수도 있겠지.

비존재에 대해 진정한 해독제는 이 세상에 없다. 나폴레옹이 늘 말했듯이 죽으면 영원히 죽는 것이다. 죽은 자는 그들의 영원한 거처인 무덤 속에서 항상 목이 마르다고 세계교회주의 믿음은 말한다. 다윗 왕은 무덤을 영원한 거처라고 불렀다.

내가 기억하는 한 나는 살아오며 항상 갈증에 시달렸다. 무언가 다른 어떤 것을, 더 만족스럽고, 내가 하고 있는 일 그 이상의 어떤 것을, 더 많은 돈을, 사람 사이의 관계를, 더 좋은 글을 목말라했다. 그리고 목이 마른 채로, 그러나 불만 없이 나는 떠난다.

단지 나 자신과의 결산만은 다 마치지 못했다는 생각을 한다. 어쩌겠는가? 만족시킬 수 없는 삶의 갈증은 죽은 뒤에까지 쫓아오지는 않을 터인데.

지금까지도 나는 한참 열정적인 삶의 활동궤도에 있을 때 암 진단을 받았다고 느낀다. 그런데 어디로 가는 궤도였을까? 나는 어디로 향하고 있었던 걸까? 아직도 전혀 알지 못한다. 아마도 아무데도 향하지 않았을지도. 단지 내게 주어진 시간을 가능한 잘 사용하고 창조적인 삶을 사는 것 말고는 그 이상의 다른 것을 목표로 하지 않았었다.

　때 이른 이 죽음을 나는 슬퍼하지 않을 것이다. 그렇더라면 여태껏 내가 해온 일들을 얕잡아 보는 것 같기 때문이다. 그렇더라면 내 삶에 대한 자긍심을 앗아가는 것일 텐데, 그건 너무 가슴 아픈 일이다.

　이 모든 것에도 불구하고 나는 강박적으로 뒤를 돌아다보는 성향을 가지고 있지 않다. 나의 과거도, 나의 운명도, 내가 한 모든 일도 다시 불러내어 생각하지 않는다. 내게 남겨진 삶의 허영심이란 죽음의 공포보다 더 큰 것이다. 여분으로 주어진 매일매일, 나 자신을 표현하고, 글을 쓰고, 생각하고, 사람을 만나는 것은 피할 수 없는 운명에 혀를 쏙 내미는 것과 같다.

　물론 믿을 만한 종교적 배경지식도 부족하지만 나는 기

적을 믿지 않는다. 그러나 지금 컴퓨터 앞에 앉아 이 글을 쓰는 행위는 기적과 아주 가까이에 있는 것이다. 또한 일종의 미신적 행위이기도 하다. 적어도 글을 쓰는 동안만큼은 죽음이 나를 멈추게 하지 않으리라는 희망으로 이렇게 쓸 수 있는 것이다.

더욱이 삶을 회고하는 것에 무슨 의미가 있는가? 우리의 소중한 경험들은 남에게 건네줄 수 있는 성질의 것이 아니고, 그 속에 어떤 것이 들어 있다고 아무리 말로 전하려 한들 세상의 것들은 블랙홀 속에 있어서 결코 다 말로 표현할 수 없다.

모든 행위는 끝까지 완벽하게 이루어질 수 없는 씨앗을 품고 있고, 의도했던 바는 성취한 것보다 당연히 더 본질적이며, 이미 성취한 것은 감히 도전해보지 못했던 것에 비하면 하찮을 뿐이다. 그리고 항상 당연하다고 여겼던 작은 기쁨들은 강렬하게 고양되었던 순간보다 더 귀중한 것이었다.

누가 우리를 심판할 수 있겠는가? 누가 진정으로 알겠는가? 어떻게 우리 스스로를 판단할 수 있겠는가? 같은 일을 반복해서 시도하여도, 그때마다 본질의 그저 그런 한 조각만을 표현해내는 데 그칠 뿐이고, 어느 정도 이상의 깊이로 파고들지도 못한다. 모든 인간에 내재한, 우리가 누구인지를 말하는 존재성은 인간 군상 안에 있는 한 알의 모래처럼 하찮을지라도 양도할 수 없는 본질적 핵심이다.

나는 내 아이들이 자라 어른이 되는 것을 살아서 보지 못할 것이다. 이 사실이 나를 가장 아프게 한다. 내 아내가 상실의 아픔으로 넋을 잃은 모습은 상상하고 싶지도 않다. 나는 귀중한 친구들이 그립고, 수십 년간 연구를 주고 받은 동료들이 그립다.

기쁨도 슬픔도 더 이상 느끼지 못하게 될 것이다. 더 이상의 승리나 패배도 없겠지만, 이 모든 것들을 나는 내 몫 이상으로 충분히 가졌었다. 나는 행복했고, 괴로웠고, 깨우쳐왔다. 세월이 흐르며 현명해지고 아마도 조금은 나은 사람이 되었던 것도 같다.

나는 일탈하기도 했는데, 뻔뻔했거나 경솔해서 저질러진 일이었다. 사춘기 때처럼 철이 없었다! 나는 자주 공정하지 못했다. 그러나 비열함이나 악의에 차서 의도적으로 남에게 해를 끼친 적은 없다.

나는 대개는 어려운 길을 피해왔는데, 그건 영적 게으름에서 비롯된 것이었다. 한편으로 편한 길은 언제나 영적 죄의식에 빠지게 했다. 나는 한 번도 공포증과 심리적 억압을 극복한 적이 없다. 남들이 계속 안전거리를 절충해 나갈 때에 이상한 방식으로 그 거리를 좁히지 못한 나는 겁쟁이였다.

전반적으로 볼 때, 나는 가능한 한 대체로 타협하지 않고 살아왔다고 생각한다. 대부분의 경우 나 스스로 설정한 한계선을 고수했고, 나의 순수한 부분을 지켜왔다. 그렇다고 그것이 자랑스러운 것만은 아니다. 만일에 더 강력한 유혹과 마주쳤다면 나는 그리 저항하지 못했을지도 모른다. 누가 알겠는가?

나는 한 번도 정서적 경직성을 극복한 적이 없어서 인간관계가 어려웠다. 가장 가까이에 있는 사랑하는 사람들도 힘들게 했다. 그로 인한 손해는 분명히 나만의 것이다. 좀 더 솔직하게 표현하는 방법을 알았더라면, 좀 더 주었더라면, 몇 마디 말로라도 좀 더 정서적으로 열려 있었더라면 오늘 더 완벽하다고 느꼈을 것이다.

아무튼, 지금 그 어느 때보다도 더욱, 내 삶에서 사랑과 보살핌으로 나를 안아준 사람들에게 감사한다.

나는 내 방식대로 살아왔다. 지금 내게 가장 중요한 것은 'etoimothanasia'의 나날을 실천하는 것이다.

나의 고약한 버릇 중 하나는 늘 약속시간에 늦는 것이었다. 이제는 내가 죽음을 기다리고 있다. 나에게 선택할 것이 남아 있다면, 유일한 선택은 죽음을 빨리 마중하는 것이다. 물론 죽음이 불시에 기습하지 않고 내가 죽음이 다가오는 것을 볼 수만 있다면 말이다.

온 마음으로 소망하건대, 맑은 정신과 굳건한 양심으로 당당하게 서서 비존재에 삼켜질 수 있기를…… 나는 소망한다, 이 모든 일을 거쳐오며 내 옆을 지켜준 가족, 친구, 동료 모두에게 사랑과 감사를 표현하고 악수할 시간이 주어지기를.

이런 내 말이 평정심을 갖춘 것으로 들리겠으나 사실 이것은 강요된 침착함일 뿐이다. 교회는 오직 믿음으로만 죽음의 공포를 극복할 수 있다는 것이 진리라고 말한다.ˑ 나는 그 말을 믿지 않는다. 나는 내 삶의 권리를 스스로 꾸려왔던 것과 똑같은 방식으로 오직 내 죽음의 권리를 요

• 시편 23:4 "내가 사망의 그늘진 골짜기를 다닐지라도 해악을 두려워하지 아니하리니, 주께서 나와 함께 계시며, 주의 막대기와 주의 지팡이가 나를 안위하시나이다."

구할 따름이다. 그리고 이 확신이 지금껏 나를 강하게 지
탱하도록 만들었다. 나는 수동적인 것을 혐오한다. 개인의
자유가 언제나 나의 본태적 종교이다.

시간의 흐름은, 시몬 베유가 말했듯이, 인간에게 최악의 비극이자 모든 형식의 노예화의 근본원인이다. 나는 거부한다, 기억 속에 갇히는 것도, 과거의 수인이 되는 것도, 더 이상 가질 수 없는 미래에 고뇌하며 무릎 꿇는 것도.

생애 처음으로 나는 의식적으로 지금을 살기 시작한다.

얼마 남지 않은 시간 속에서 새로운 하루하루의 날을 세어가며 치열하게 갈망하는 것은 나의 죽음이 내 삶의 신조와 일치하는 것이다. 이를 확인하고 싶은 것은 나의 궁극적 허영심이다.

나는 원한다. (내게 시간이 주어질까?) 의지적으로 나의 죽음을 순수한 자유의 행위로 전환할 수 있기를!

나는 상상한다. 나의 선택이 나로 하여금 죽어가는 칼리굴라처럼 외칠 수 있게 해주기를.

이 무섭고 무서운 시간, 생각하기도 두려운, 이 최후의 순간에.

그럼에도 나는 아직 살아 있다!

살아 있는 자들이여, 듣고 있는가?

2016년 5월

알렉산드로스 벨리오스

'죽을 수 있는 권리'를 바라보는
어제 오늘의 시선

최보문 (가톨릭대학교 의과대학 명예교수)

말기 환자가 죽음을 선택하는 세 가지 방법

여기 A라는 사람의 상황을 가정해보자. 오랜 암 투병 끝에 이제 그는 진통제로도 완화되지 않는 극심한 통증에 시달리고 있다. 메스꺼움과 토혈, 평소 몸무게의 절반에도 못 미치는 체중과 체력저하, 자기 힘으로는 몇 초 이상 서 있거나 걸을 수도 없는 상태에 이르렀다. 회복 가능성은 전혀 없다. 그는 생의 마지막 나날을 집에서 보내겠다는 소망으로 퇴원하여 집에 왔으나 더 이상 통증을 견딜 수 없는 지경에 이르렀다. 끔찍한 생의 말기를 일찍이 예상하고 있던 그는 약을 조금씩 모아 치사량에 이를 정도의 양을 비축해 놓았고 만일의 경우를 생각해서 총까지 마련해두었다.

이 사람이 죽음에 이를 수 있는 방법으로는 세 가지가 있다. 첫째는 자살이다. 비축한 약을 먹거나 총을 사용할 수 있겠지만 여기에는 조건이 있다. 우선 약물종류와 치사량에 대해 잘 알고 있어야 하고, 스스로 약을 준비한 뒤 물컵을 들거나 총을 장전하고 쏠 수 있을 정도의 체력은 가지고 있어야 한다. 더 중요한 것은 죽음의 두려움을 홀로 극복하고 실행에 옮길 수 있을 과감한 결단력이 있어야 한다는 것이다.

두 번째 방법은 조력죽음assisted death 혹은 조력자살 assisted suicide로서, 누군가로부터 도움을 받는 것이다. 가족 등 제3자가 약을 먹도록 도와주거나 총을 장전하여 건네주는 것인데, 단 죽음을 초래하는 직접적 행위는 A 자신이 하는 것을 말한다. 바람직한 상황은 환자의 상태를 잘 알고 죽음에 대해 지식이 풍부하며 공정한 태도를 가진 의사가 환자의 요구에 부응하여 약을 처방하고 상황을 감독하는 것인데, 이를 의사조력죽음physician assisted death이라 말한다.

세 번째는 안락사로서, 죽음을 초래하는 행위를 환자가 아니라 제3자가 직접 행하는 것이다. 안락사는 환자의 자발성 여부와 방법에 따라 다시 분류된다. 제3자가 행하는 방법에 따라 구별할 때에는 적극적, 수동적 안락사 두 가지로 나뉘는데, 의사가 A에게 독약을 주사하거나 A의 부인이 총을 쏘는 경우는 적극적 안락사active euthanasia에 해당한다.

반면 수동적 안락사passive euthanasia는 죽어가는 시간을 연장하기만 할 뿐 '무익'하다고 판단되는 '연명의료'를 하지 않거나 혹은 이미 하고 있다면 이를 중단하는 것을 말한다. 우리나라에서 2018년 2월부터 시행된 연명의료결정법이 이에 해당한다.

이때 문제가 되는 개념은 '무익함'을 의학적 견지에서

만 판단할 수 있는지, 또 '치료를 하지 않는 것withhold'을 뚜렷한 행위, 예컨대 환자로부터 튜브를 떼어내는 행위 withdrawal와 동일한 것으로 볼 수 있는지 등이다. 이런 문제의식은 20세기 후반에 등장하여 공식화된 뇌사 개념과 마찬가지로 어느 지점에 선을 그어 선의 안팎을 구별할 기준을 정하느냐의 문제로 귀결된다. 그 기준이 과학에 의한 것이든 인간사회의 동의에 의한 것이든 간에.

자발성 여부에 따른 분류에서, 자발적voluntary 안락사는 환자가 뚜렷한 의식과 건강한 정신상태에서 합리적이고 자율적인 결정에 따라 죽음을 앞당겨줄 것을 요청하여 이루어지는 안락사이다. 반면 회복할 수 없는 혼수상태에 있거나 중증 상태에 빠진 영유아 등의 경우, 대리인이 안락사를 결정하는 무無자발적 안락사nonvoluntary euthanasia가 있다.

또 다른 경우인, 자발성이 없거나 심지어 당사자의 의지에 반하여 이루어지는 죽음은 반反자발적involuntary 혹은 비자발적 행위로서 살인에 해당한다. 안락사 논쟁에서 반자발적인 경우는 논의되지 않아야 마땅하나, 그럼에도 불구하고 의도적으로 그렇게 지칭함으로써 안락사 논쟁을 나치의 만행과 연관시켜 반발을 유도하려는 사람들도 있다. 나치의 행위를 안락사라고 부르는 것은 마치 강간을 사랑의 행위라고 부르는 것과 다를 바 없다.

안락사라는 단어에는 복합적인 의미와 이념이 내포되어 있다. 어떤 방식으로 어떤 조건에서 어떤 단어를 사용하느냐에 따라 전달되는 느낌이 달라지므로 안락사 논쟁을 좌우하는 데 결정적 역할을 하기도 한다.

안락사의 의미를 두고 벌어진 논쟁

안락사는 그리스어 'Eu(편안한, 좋은)'와 'Thanatos(죽음)'를 결합한 단어로서, '좋은 죽음' 혹은 '평온하게 쉬이 죽음에 빠지는 것'을 의미한다. 이 단어를 처음 사용한 사람은 로마의 역사가 수에토니우스Gaius Suetonius Tranquillus, 69~130이다. 그는 로마제국 초창기 11명의 황제에 관한 그의 저술《황제열전》에서 아우구스투스 카이사르가 "신속하게 고통 없이······ 축복받은" 죽음을 맞이했다고 기술하며 이를 "안락사"라고 칭했다. 이렇듯 단순한 서술적 표현이었던 단어가 시대의 흐름을 따라 우여곡절을 겪으며 도덕과 이념 및 행위의 내용과 주체까지 포괄하는 복합적 의미를 지닌 단어가 되어버렸다.

하나의 단어에는 사전적 의미와 더불어 그 단어가 사용되어온 사회적 역사의 무게가 고스란히 실려 있다. 이를 함축적으로 보여주는 비근한 예로는 2017년 11월 오스트레일리아에서 최초로 적극적 안락사법을 통과시킨 빅토리아 주의 '안락사 논쟁'이 있다.

찬, 반 지지자들이 벌이는 논쟁의 한가운데에는 어떤 단어를 선택해서 쓰느냐에 따라 논의의 방향이 갈라지곤 했다. 예를 들어 '조력죽음'이라는 말을 사용할 때 80퍼센트까지 치솟던 안락사법 지지율이 '조력자살'을 사용했을 때에는 그 절반 가까이 떨어졌다. 자살이라는 단어에 부여된 사회적 오명 때문이다. 안락사 반대집단에서는 의도적으로 이런 단어를 선택하여 논쟁을 이념적, 감정적 대립으로 끌고 가곤 했다.

의사사회의 집단적 반발을 부추기는 '의사조력자살',

더 나아가 가톨릭 로비집단인 '생명을 가질 권리Right to Life' 단체에서는 나치의 홀로코스트를 연상시키는 "최종해법the final solution"을 사용하며 안락사는 "누군가가 누구에게 행하는 행위로서, 그 행위는 바로 살인killing"이라고까지 주장했다.

안락사 주창자들은 개인의 자유와 권리를 강조하는 '죽을 수 있는 권리right to die'와 중립적 의미에 가까운 '조력죽음' 등의 단어를 사용한다. 이런 대립의 현장 가운데에서 사회적 지지를 끌어내려는 단체는 모호한 의미의 '존엄사dignity in dying'를 사용하여 사람들의 감정에 호소하거나, 인류애를 자극하는 "죽어가는 이에게 연민 compassion in dying"을 보여야 한다고 말한다. 가히 '의미의 전쟁'이라 하지 않을 수 없다.

오스트레일리아의 한 기자는 10개월에 걸친 안락사 논쟁을 이렇게 표현했다. "이 논쟁을 기차로 표현한다면 우리는 '안락사'라는 중앙역에서 출발하여 멀리 떨어진 '자발적 안락사'에 정차했다가, '조력자살'을 거쳐 '의료적 조력죽음medically assisted death'을 지나 '조력죽음'에 이르렀

다. 이제는 '자발적 조력죽음voluntary assisted dying, VAD'이
라는 종착역을 향해 나아간다."

2017년 11월 빅토리아 주는 오스트레일리아 최초로 '자
발적 조력죽음 법Voluntary Assisted Dying Bill'을 통과시켰다.

역사 속 안락사 논쟁

대립을 유도하는 상기 단어들에는 저마다 그 의미를 뒷
받침하는 역사적 배경을 담고 있다. 역사로부터 얻는 교
훈은 당대와 현대의 시대적 사상적 배경이 전혀 다른 차
원에 놓여 있다는 점에서 현재 진행되고 있는 논쟁에 대
입할 만한 유용성은 현저히 떨어진다.

그러나 오늘날의 안락사 논의가 오랜 기간에 걸쳐 광범
위하고 다양한 조건 속에서 형성된 담론들로 이루어져 있
다는 점에서 그 변화과정을 살펴보는 것은, 서술적 표현
이었던 안락사가 어떻게 정치, 이념, 윤리, 정서적 반응까
지 포괄하는 복합적 담론인 '죽을 수 있는 권리'로 진전되
었는지를 이해하는 데 필요한 과정이다.

덧붙여서, 안락사 논쟁은 근대초기에는 유럽에서 시작되었고 이후 현재까지 신구 양대륙을 중심으로 전개되어 왔다는 점에서 지극히 서구적이다. 따라서 서구의 역사 및 사상적 변화와 함께 살펴보아야 한다.

| 자살을 대하는 시대적 변화

안락사는 자살 및 조력죽음과 항상 동일한 방식의 처우를 받아왔고, 동일한 성격의 도덕성 논쟁의 대상이 되어 왔다. 자살은 인류역사 상 언제나 항상 있어왔으나 이를 대하는 태도는 시대에 따라, 문화에 따라 변화해왔다.

고대 이집트에서는 죽음과 삶이 단지 다른 모습의 '현존'으로 간주되었기에 자살을 대하는 태도는 중립적이었거나 양가적이었다. 고대 그리스에서는 도시와 지역에 따라 다른 양상을 보였는데, 예컨대 테베Thebes의 경우, 자살자는 비난받아 마땅했고 묘지에 묻히지도 못했다. 아테네의 경우, 자살행위를 한 손을 자르고 그 손은 시신과 멀리 떨어진 곳에 묻었다.

그러나 다른 지방에서는 자살의 소망을 밝힐 경우 그곳

판관의 주재 하에 심사위원회를 열어 자살이 합당한지를 판단했다. 죽음을 청할 정도로 육체적 정신적 고통에 시달리고 있다고 판결되면 충분한 양의 헴록Hemlock을 주어 편안히 자살할 수 있게 하였다.

그리스에서는 학파에 따라 다른 의견을 가지고 있었다. 피타고라스 학파는 자살을 비난했고, 의사 선서에 조력죽음을 금지한 히포크라테스도 이를 따른 것이었다. 그러나 그리스의 많은 철학자들은 자살이 상황에 따라서는 도덕적이라고 판단했다. 소크라테스는 생명이 신들gods에게 속한 것이므로 신들의 허락 없이 죽는 것은 잘못된 것이라고 했으나 죽어야 할 필요가 있을 때 자살하는 것은 고귀한 행위라고 보았다.

스토아학파의 창시자 키프로스의 제논은 자살은 심사숙고한 뒤 행해야 하며 그 사람의 삶이 고통스러울 때에는 정당한 행위라고 보았다. 그러한 논리에 따라 로마의 스토아학파는 심사숙고한 사람이 자살을 원할 때면 정맥을 자르는 데 능숙한 기술자를 보내주는 서비스도 제공했다고 한다. 스토아 철학자 중 가장 유명한 세네카는 노년

이 되어 육체적 쇠락이 와서 자살도 할 수 없게 되는 상태에 이르기 전에 죽는 것은 옳은 일이라고 주장했다.

로마에서는 특정 상황에서는 자살을 당연한 것으로 인정했는데, 주로 우울증 등의 정신적 고통이나 '충분히 다 살았다고 느낄 때'가 그러했다. 그러나 재산으로 간주되는 노예에게는 자살이 허용되지 않았다.

이러한 그리스·로마시대의 자살관은 성서의 영향을 받은 것이었다. 구약성서는 자살의 옳고 그름에 대한 판단을 하지 않았고, 단지 정당한 자살이라고 간주되는 경우를 언급했을 뿐이다. 예를 들어 이스라엘의 첫 번째 왕인 사울이 필리스틴에게 사로잡히기 전에 자살하였다고 했다. 신약성서 또한 자살에 관한 판단은 거의 언급하지 않고 몇몇 경우만을 기술했을 뿐이다.

5세기 이후에야 자살은 죄악시되기 시작하는데, 이는 성 아우구스티누스의 저술에 따른 것이었다. 그는 자살은 자기 자신을 죽이는 행위로서 10계 중 5번째 계명을 어기고 하느님의 권능을 부인하는 것이므로 축성한 땅에 묻힐 수 없는 대죄악이라고 했다. 이를 13세기 토마스 아퀴나스가 이어받아 아리스토텔레스의 견해를 더함으로써 자살은 신에게 속한 생명을 저버리는 행위이자 사회에 대한 임무를 저버리는 행위라고 주장했다.

이 주장은 중세 내내 이어져 자살자에 대한 교회의 야만적 가혹행위를 정당화하는 근거가 되었다. 영국의 기록에 따르면, 자살자의 시신은 목매달아 거리에 전시하고 이후 길거리에서 끌고 다니다가 심장에 못을 박았다. 그런 뒤 한밤중에 사거리가 있는 길가에 묻었으며, 재산 몰수는 물론이거니와 가족까지 추방해버렸다.

그럼에도 불구하고 자살이 뿌리 뽑히지 않았다는 사실은 16세기 전후 40여 년간 셰익스피어 희곡의 자살 장면이 200번 이상 무대에 올랐다는 사실로도 미루어 짐작할 수 있다. 이러한 생각은 중세가 저물어가던 17세기 전후로 새로운 바람을 맞이하게 된다. 몽테뉴, 토머스 모어, 프랜시스 베이컨 등은 자살을 다른 각도에서 보려 하였고, 17세기 말에는 자살자의 시체와 가족에게 내려지는 처벌에 대한 비판으로 이어졌다.

18세기 계몽운동이 시작되면서 자살은 지적 논쟁의 주

요 주제로 등장하게 된다. 논쟁의 근저에는 새롭게 솟아오른 개인의 자율성과 권리에 대한 개념, 과학정신 등이 있었는데, 가장 강력한 배경은 교권반대주의였다. 교권반대주의는 성직자들의 특권과 부에 대한 비판, 교회가 정치적 사회적 권한을 행사하는 것에 대한 비판, 그리고 일상의 삶에까지 강요되는 교리적 지배 등에 반대하는 지적 논쟁을 말한다. 계몽주의자들은 전제정치와 종교적 위협을 부정하고 사상의 자유와 인간의 권리를 옹호했고, 이는 자살에 대해 1500여 년간 유지되어 왔던 견고한 사고체계를 흔들기에 충분했다.

| 현대적 개념의 안락사

그리고 19세기 후반, 비로소 안락사에 관한 본격적인 논의가 시작된다. 그 기폭제가 된 것은 1870년 새뮤얼 윌리엄스가 영국 버밍엄 추론클럽Birmingham speculative club에서 한 연설이다.

의사는 통증이 심하고 회복할 가망이 없는 환자에게, 환자가 원할 때에, 클로로포름 혹은 그보다 나은 마취제를 사용하여 빠른 시간 안에 의식을 잃게 하고 고통 없이 신속하게 죽음에 이르게 할 의무가 있음을 인식해야 한다. 모든 자비로운 대책이…… 환자가 표한 소망에 따라, 일말의 의혹이나 질문이 없이 수행되어야 한다.

그의 연설은 곧 잡지에 실려 출간되면서 대중사회에 널리 알려지게 되었다. 윌리엄스의 주장이 주목받는 이유는 그가 주장한 내용 대부분이 현재 논의되고 있는 안락사 논쟁의 핵심주제이기 때문이다. 이를 살펴보면, 첫째로 그는 의료인이 아니었다는 점이다. 바로 그 점에서 안락사는 의료계의 문제만이 아니라 당시 대중사회가 삶의 가치에 관한 주요주제의 하나로 인식하고 있었음을 짐작하게 한다.

둘째로는, 죽어가는 고통에 처한 환자에게 의사는 적극적인 방법으로 죽음을 앞당겨주어야 한다고 주장했다는 점이다. 1800년대는 의학역사 상 수많은 발견과 발명이 이루어졌고, 세균 이론, 소독법, 예방접종, X-레이 검사, 청진기 등은 현대의학의 발판이 되었다. 그럼에도 당시 의사들은 육체적 고통을 줄이기 위해 진통제와 마취제를 사용하는 일 외에는 죽어가는 환자에게 해줄 것이 그리 많지 않았다.

죽음은 작은 공동체 내에서 공개적인 사건이었고 침상 옆에서의 행동은 'ars moriendi(art of dying)'에 따라 이루어졌다. 이때까지도 안락사가 '평안한 죽음'이라는 서술적 의미였다면, 윌리엄스의 주장 이후 안락사는 죽음을 앞당기는 행위라는 현대적 의미로 재정의되기 시작했다.

셋째로, 인간의 생명은 하느님으로부터 받은 것이기에 신성하다는 가톨릭 교리 대신 '가치 있는 삶'에 대한 새로운 인간적 개념을 제안했다는 점이다. 자연은 인간생명의 신성함을 존중하지 않는다는 그의 주장은 종교적 도덕원칙을 뒤엎은 다윈의 진화론을 충실히 잇는 것이었다.

그의 주장이 불러온 파장은 즉각적으로 신구 대륙 의사사회에 논란을 일으키며 안락사 법제화 논쟁에 불을 붙였다. 그리고 1907년 최초로 미국 오하이오 주에서 안락사법이 상정되었으나 통과되지는 않았다. 윌리엄스의 주장은 소위 길드의 시대Gilded age라 불리는 19세기 후반의 당대 사회 분위기와 공명하는 것이었고 영미권에 강한 영향을 미쳤다.

그 시대의 특징으로 들 수 있는 것은 보수적 개인주의와 전통에 대한 감상적 숭배, 자유방임경제와 산업화에 따른 기업 간의 경쟁 및 노사갈등, 과학에 대한 신뢰, 합리주의와 반권위주의 등이 있다. 특히 진화론의 등장은 이를 더욱 강화시켰다. 19세기 내내 다윈주의 확산, 우생학, 실증주의, 여권운동 등은 실용종교의 등장 등이 심화되는 세속화 현상과 맞물리면서 안락사 합법화 운동의 원동력이 되었다. 그리고 20세기 초가 되자 안락사는 소수의 극단적 의견에 국한되지 않고 공식적인 안락사 지지운동으로 이어지게 된다.

1930년대에 이르자 안락사가 사회에서 수용가능한 주제로 수렴되어가는 듯했다. 주목할 만한 이유 중 한 가지는 1차 세계대전과 경제공황을 거친 후 전 세계가 직면한 경제적 정치적 위기 속에서 우생학과 같은 과학을 통해 인간의 운명을 통제할 수 있으리라는 급진적 기대가 팽배

해갔기 때문이다.

암의 발생률 증가 또한 큰 영향을 미쳤다. 암 환자는 빠르게 증가한 반면 의학적 치료법은 2차 세계대전 이전까지는 미비했다. 치료법이 부족했다는 것은 암에 잠식되어 가면서 치유의 희망은 없이 느리고 고통스러운 죽음을 맞이해야 함을 의미했다. 이는 '암 염려증'과 '암 공포증'을 야기하면서 안락사에 완강하던 의사 사회를 조금씩 누그러지게 만드는 계기가 되었다.

또 다른 한 가지는 언론을 통해 스스로 죽고자 하는 의지를 밝히거나 다른 사람의 죽음을 도왔다는 개인의 이야기가 넘쳐났다는 사실이다. 예컨대 1935년 심한 고통을 겪고 있던 전직 간호사 안나 베커는 뉴욕 버팔로카운티 의사협회에 편지를 보내 의사가 자신의 죽고자 하는 소망을 이루어주기를 요청했다. 1939년 《타임》 기사에 따르면 미국 전역에서 일주일에 한 번 꼴로 안락사 사건이 발생했고, 이에 관여한 사람 중 누구도 처벌을 받지 않았다.

세속화 현상이 가속화되면서 자살의 탈범죄화도 두드러졌다. 1902년 미국 텍사스 주에서 최초로 자살을 범죄로 볼 수 없다는 판결이 나온 이후 20세기 후반에 이르기까지 전 세계적으로 자살을 범죄로 규정하는 국가는 점차 사라져갔다. 영국 최초의 안락사 지지단체인 '자발적 안락사 합법화 협의회VELS'가 1935년 설립되었는데, 여기에는 조지 버나드 쇼, 줄리언 헉슬리, 허버트 조지 웰스 등의 사회적 저명인사들이 합류했다. 영국성공회주교인 에른스트 반스도 회원이었다.

미국의 경우 1938년 미국안락사협의회ESA가 설립되었는데, 여기에는 1929년 창설된 인본주의협의회의 회원이었던 아인슈타인, 존 듀이, 토마스 만 등이 포함되었다. 두 단체는 기본적으로 자발적 안락사를 목표로 한 것이었으나 뜻하지 않게 우생학과 반자발적 살인까지 지지하는 사람들이 회원으로 들어왔기에 내부적으로는 상당히 혼란스러운 상태였다. 영국에서는 1936년 상원에서 안락사법이 상정되었으나 35 대 14로 부결되었다.

2차 세계대전 이후 안락사는 한동안 금기어가 되고 만다. 나치의 대량학살이 빈딩과 호세의 '가치 없는 생명'을 '안락사'시켜야 한다는 주장과 사회다윈주의 및 우생학에 근거하였다고 인식되었기 때문이다. 더욱이 나치의 잔혹행위가 독일의사의 손에 의해 저질러졌다는 것이 전범재판을 통해 알려지면서 전 세계의 의사 사회는 숨을 죽이게 된다. 1950년 세계의사협회와 영국 의학협회는 안락사는 살인행위라고 규정하여 명문화했다.

그러나 1960년대를 넘어가면서 안락사 논쟁은 다시 살아나기 시작한다. 1950년대에 미국은 가톨릭의 전성기였다. 인구의 23퍼센트가 가톨릭 신자가 되자 투표수는 물론 정책과 대중문화에도 영향력을 행사하게 되었다. 또한 의료윤리에 관한 법전을 미국 전역의 병원에 배포하고 의료행위의 규준에 관한 논쟁을 장악해 나갔다. 심지어 가톨릭 인구가 적은 영국에서조차 정책연구를 통해 영국 병원에서 일어나는 의료행위를 통제하려 했다.

그러나 곧 반작용이 나타나기 시작했다. 가톨릭이 보수세력과 손잡고 인종차별, 낙태금지, 산아제한과 피임약 금지, 동성애 처벌 등을 지원하자 미국의 자유주의자들이 가톨릭과의 전쟁을 선언하기에 이른 것이다. 이제 본격적으로 대립구도가 형성되었다.

1947년 수백 명의 미국자유주의자, 미국시민연합, 교회와 정부의 분리를 위한 미국저항운동연합, 유니테리언연합 등은 공동전선을 구축하고 '개인의 감정과 의식에 대한 교회의 독재적인 통제로부터 자유'로운 기독교 신앙이 필요함을 주장했다. 자유주의자들은 권위주의적인 가톨릭으로부터 미국인을 해방시키는 개혁운동의 발판으로서 안락사의 탈범죄화를 택한 것이다.

1969년에는 영국 상원에서 30년 만에 다시 안락사법이 상정되고 부결되었는데, 이는 안락사에 대한 관심이 사그라지지 않았음을 나타내는 사건이었다. 1970년대 전후의 시민운동 시대를 거쳐 1980년대에 이르기까지 일련의 사건들―카렌 퀸란 사건, 죽을 수 있는 권리 세계연합World Federation of Right to Die Societies 창설 등등―로 안락사 논쟁은 본격적으로 재점화되었다. 7, 80년대를 풍미했던 죽음인식운동death awareness movement은 과거의 종교적, 관습적 틀에서 벗어나 죽음의 현대적 개념을 정립하는 계기가 되었다.

이후 안락사 논쟁은 세태변화를 반영하며 꾸준히 그 영

향력을 넓혀왔다. 2018년 현시점에서 적극적 안락사가 허용된 나라는 네덜란드, 벨기에, 콜롬비아, 룩셈부르크이고, 조력죽음이 허용된 곳은 스위스, 캐나다, 미국에서는 오리건, 워싱턴, 콜로라도, 버몬트, 몬태나, 캘리포니아, 그리고 마지막으로 하와이가 있다. 최근 매사추세츠 주에서도 곧 법이 제정될 전망이다. 끝으로 오스트레일리아 빅토리아 주에서 자발적 조력죽음 법이 2019년부터 실효를 나타낼 예정이다.

앞서 언급한, 오스트레일리아의 기자가 안락사를 기차에 비유하여 표현한 글을 다시 쓴다면 이렇게 말할 수 있을 듯하다.

"안락사 호는 자살이라는 중앙역에서 출발하여 멀리 떨어진 '죽을 수 있는 권리'라는 지역으로 넘어와 '연명의료결정' 역에 정차했다가, '조력자살'을 거쳐 '의료적 조력죽음'을 지나 '조력죽음'에 이르렀고, 이제는 '자발적 조력죽음voluntary assisted dying, VAD'이라는 종착역을 향해 나아간다."

안락사 호의 차창 밖을 지나가는 풍경에는 유일신 신앙

의 지배와 쇠퇴, 계몽주의, 산업혁명과 자유경제, 과학의 시대, 의학기술의 발달과 의료화 시대, 시민운동과 인권운동의 시대, 신자유주의 경제가 지나가고 있다. 특히 마지막 풍경인 신자유주의는 안락사에 빛과 어둠을 동시에 드리우고 있다. 시장경제, 효율성, 소비자 선택과 개인의 자율성을 강조하는 신자유주의는 거기에서 나오는 위험을 개인의 선택과 책임으로 단정한다. 생산인구 전망을 살펴보면, OECD 국가에서 향후 25년 이내에 7,000만 명이 은퇴하고 대체되는 새로운 일꾼은 500만 명에 불과할 것이라고 한다.

이렇듯 고령화 현상과 '죽어감의 연장' 현상이 합쳐질 경우 소요되는 의료비용은 세대 간 의료서비스 균형을 무너뜨릴 것이라는 우려가 팽배하다. 1987년 마거릿 배틴 Margaret Battin의 "자살이 싸게 먹힌다"라는 말은 신자유주의의 어둠을 간결하게 표현한 것이다.

윤리적 논쟁

최근까지도 안락사에 관한 윤리 논쟁은 19세기 새뮤얼 윌리엄스가 제기한 주제에서 크게 벗어나지 않는다. 시대적 상황에 따라 안락사 논란이 나타났다가 사라지곤 하였으나, 찬반 양측 주장의 요지는 자살과 관련된 근대 초기의 논쟁에 의료계의 입장과 공공정책, 법적 견해가 덧붙여진 것이다. 그 핵심에는 개인의 권리로서의 자기결정권, 그 권리의 범위가 어디까지 허용되는지, 그리고 개인의 요구와 사회질서 사이의 균형추가 어디에 있는지에 대한 논쟁이 놓여 있다.

| 자살 관련 논쟁

자살 관련 논쟁은 생애 말기에 처한 인간이 신, 자신, 사회에 대해 어떤 의무를 가지고 있는가에 관한 것들이다. 가톨릭을 비롯한 유일신 신앙은, 생명은 신의 선물이므로 개인에게 속한 것이 아니고 자의적으로 저버릴 수 없다고 본다. 또한 인간의 운명을 좌우하고 생사를 주관하는 것도 신이므로 노예가 주인의 뜻에 반하여 죽을 수 없듯이 마음대로 죽을 수 없다 하였다.

이에 대해 데이비드 흄David Hume은 만일에 생과 사를 비롯한 인간의 모든 것이 운명이라면 더 오래 살려고 질병을 치료하는 것도 신의 뜻을 거역하는 것이라고 비판했다. 그리고 인간의 생명이 신성한 것이라면 사소한 일, 예를 들어 벌레에 물린다든가, 가시에 찔리는 일 등으로 생명을 잃는 일이 하느님의 작업이냐고 반문했다. 현대와 같은 세속의 시대에 죽어가는 고통과 비참함을 더 이상 경건하게 참아내야 하는 것으로 받아들이지 않는다는 사실은 '신에 대한 의무'라는 말 자체에 의혹을 가지게끔 한다.

자살 관련 두 번째 주장은 자기보존의 의무에 관한 것이다. 흄은 생애 말기 상황에서 고통을 벗어나기 위해 죽으려는 것은 자기보존 본능이나 내재적 가치를 압도하게 되고 따라서 비참한 상태를 끝내는 것이야말로 자신에 대한 의무라고 주장했다. 현대 철학자인 파인버그 역시 죽을 수 있는 권리는 우리의 근본적인 권리인 삶의 권리에 포괄되는 것이라고 보았다. 사회에 대한 의무라는 관점에서도 질병으로 사회에 조금의 이익도 되지 않는 상황에서 자신의 비참함을 벗어나려는 것은 사회에 대한 의무를 저버리는 것이 아니라는 것이다.

| 적극적 안락사 VS 소극적 안락사

현재 가장 논란이 되고 있고 법제화에 문제가 되는 것은 죽음에 이르는 행위를 직접적(적극적)으로 행하는 것과 간접적(소극적)으로 행하는 것의 윤리적 성질을 구별하는 데에 있다. 직접적 행위인 적극적 안락사는 죽도록 놔두는 소극적 안락사보다 도덕적으로 더 나쁘다는 인식이 일반적이다. 그리고 직접적 행위를 한 사람이 보다 더 죄의식을 가지게 된다는 점에서 의료계가 적극적 안락사에 반대하는 이유이다.

그러나 제임스 레이첼은 그의 영향력 있는 논문에서 양자 사이에 도덕적 차이를 구별할 수 없다고 주장했다. 왜냐하면 그 결과는 동일하게 환자가 죽는다는 것이고, 마지막 며칠 혹은 몇 시간의 단말마적 상황에 어떠한 행동도 하지 않고 오랜 시간 고통스럽게 죽어가도록 놔두는 것이 더 잔인한 행위라고 보았다.

케이세르의 책에는 죽어가도록 놔둔 환자의 모습을 다음과 같이 묘사했다.

"……며칠 동안 그는 최후의 고통 속에서 한쪽으로 기울어진 채 서서히 가라앉아 갔다. ……마치 죽어가는 새처럼 머리를 들려고 몇 번이고 애를 썼다…… 호흡의 간격이 점점 길어지면서 마침내 헐떡거림이 끔찍한 흐느낌으로 변했다. 모든 사람들이 그 모습을 지켜보고 있었다. 그건 부당했다."

레이첼은 사람들이 적극적 안락사에 반대하는 이유 중 하나는 끔찍한 사례들을 접한 충격 때문일 뿐, 직접적 안락사 자체가 비윤리적인 것이기 때문은 아니라고 했다. 그러나 복잡한 조건을 헤치고 빠른 결정을 내려야 하며 그 결정이 돌이킬 수 없는 죽음을 초래하는 상황에서는 신중함이 실수를 줄이는 길이라는 점에서, 소극적 안락사를 지지하는 입장이 더 유리하다. 이러한 이유로 적극적 안락사를 법제화한 국가는 아직도 소수에 그치고 있다.

소극적 안락사를 존엄사dignity in dying라고 부르기는 하나 이는 감성에 호소하는 단어일 뿐, 그 의미가 애매하여 명확하게 구별하는 데에는 부족함이 있다. '존엄성dignity'이 과연 무엇을 의미하는지에 관한 문제의식은 꾸준히 제기되어 왔다. '신성sanctity'의 반대에 서 있는 존엄성은 이중논리라는 위태로운 줄 위에 서 있는 것과 같아서, 한편에서는 무조건적이며 절대적 의미를 담고 있는가 하면, 다른 한쪽에서는 상대적이고 측정가능하며 맥락 의존적 정의를 할 수밖에 없는 현실에 놓여 있다.

대중사회를 향할 때에는 안락사라는 단어가 품고 있는 어두운 기억(비록 왜곡된 것이지만) 때문에 존엄사를 쓰고 있으나, 학문적 논쟁이나 법제화 시에는 사용되지 않는다. 안락사 지지단체인 'Dignity in Dying' 역시 대중의 지지를 얻기 위하여 이 단어를 유지하고 있다.

웰다잉well-dying 역시 소극적 안락사를 의미하고 있다. 하지만 그 말에는 죽음을 준비하는 마음가짐, 공부, 주변 정리 등을 포함하는 여러 성격이 혼재되어 있어 안락사를 설명하는 데에는 적합하지 않다.

| 이중효과 교의(教義, Doctrine of Double Effect)

나쁜 결과(죽음)를 초래한 행위일지라도 그 의도가 선한 것(진통)이었다면 그 행위는 벌할 수 없다는 이 논리는 중세시대 종교적 원칙에서 파생된 것이다. 예를 들어 탑에서 추락사한 수도자의 죽음을 자살로 판단할 것인지를 정하기 위해 만들었던 종교적 기준으로서, 만일에 그 수도자가 죽을 의도가 없었다면 그의 죽음은 자살이 아니기 때문에 죄악으로 볼 수 없다는 것이다.

이 이론은 현대의 법 여기저기에 녹아들어가 있는데, 특히 의료법이 그러하다. 예컨대, 수술 도중 다른 장기를 상하게 했을 경우 의도하지 않았던 결과이므로 상해의 죄를 묻지 않는다든가, 호스피스에서 극심한 통증을 가진 환자에게 호흡중추를 억제할 만한 용량의 마약성진통제를 사용하는 경우가 이에 해당된다. 나쁜 결과를 예견했다 할지라도 몇 가지 조건―그 행위 외에는 다른 방법이 없었고 그 행위를 할 만한 충분한 이유가 있는 등―이 있다면 이를 의도에 포함시키지 않는다.

그러나 의사 사회에서 이에 대한 비판을 제기하였다.

의사가 과연 의학적으로 예측되는 것과 자신의 의도를 충분히 분리할 수 있겠느냐는 것이다. 진통제의 용량에 따른 효과와 부작용, 환자 개개인에 대한 효과의 차이 등을 잘 알고 있는 의사가 치사량에 해당하는 과용량의 진통제를 투여하면서 환자의 죽음이 앞당겨질 것이라는 사실을 예견하지 않을 수는 없으며, 따라서 의도하지 않았다고 볼 수는 없다는 것이다. 조력죽음을 반대하는 입장에서 나온 의견이기는 하나, 과학적으로 측정 가능한 '예견'을 측정 불가능한 '의도'와 구별하려는 것은 무리한 시도라는 데에 대부분의 의사가 동의하고 있다.

| '미끄러운 경사길' 논쟁

자발적 소극적 안락사가 법제화되면 마치 미끄러운 경사길 위에 서 있는 것처럼 점차 그 범위가 확대되어 자발적 적극적 안락사로 이어질 것이며, 나중에는 반자발성 안락사까지 행해질 것이라는 주장이다. 그리하여 생명의 가치에 둔감해지면서 사회적 문제에 대처하는 손쉬운 해결책으로 안락사가 사용될 것이라 우려한다. 이토록 취약한 처지에 있는 사람들, 예컨대 나치가 저질렀듯이 노약자, 장애인, 정신질환자들을 살해하는 방향으로 안락사가 남용될 것이라는 논리는 안락사 반대자들의 주된 주장 중 하나이다.

실제로 'HOPE', 'Care not Killing', 'Not Dead Yet' 등의 안락사 반대집단이 주장하는 것도 이것이다. 한편으로 안락사 지지자들은 인간사회는 질서와 규칙으로 언제나 내적 위험요인들을 통제해왔으며, 때로 혼란에 빠지기는 했으나 항상 옳은 방향으로 스스로 발전해왔음을 강조한다. 따라서 공공정책과 마찬가지로 엄격한 지침과 감시체계로 충분히 남용을 막을 수 있다고 주장한다.

의료계의 반응

의사들의 윤리규범으로 알려진 히포크라테스 선서는 "환자에게 어떠한 해도 끼치지 않을 것"을 중심기둥으로 삼고 있다. 적극적 안락사에 반대하는 의사 사회에서는 2500년 전의 히포크라테스 선서에 나오는 "죽음에 이르는 어떠한 약도 처방하지 않을 것"을 강조한다.

사실 히포크라테스 선서는 기원전 5세기부터 여러 문화권을 거치고 근대에 이르는 오랜 세월동안 가톨릭화 되어온 것이다. 고대 그리스에서 소수에 해당하는 피타고라스학파의 영향이 두드러지게 드러난 히포크라테스 선서는 의사윤리규범으로서의 가치보다는 당대의 사회문화적 분위기를 추정할 수 있는 근거로서의 가치가 더 크다. 즉 명문화하여 규정할 정도로 당시에 조력죽음과 낙태 등이 보편적으로 이루어지고 있었음을 시사하는 것으로서, 살인의 음모에 가담하지 말 것을 권고한 기록으로 보고 있다.

의학발달이 급가속화된 2차 세계대전 이후 히포크라테스 선서는 많은 부분 개정되었다. 문화권에 적합하게 나라마다 수정이 되기도 했고, 특정 기술이 개발되거나 세계적으로 알려지는 사건이 일어나면 그 상황에 적절하게 맞추어지곤 했다. 나치의 홀로코스트 이후 세계의사회가 채택한 제네바 선언은 그 어느 시기의 선서보다 한층 엄격하게 강화된 것이다. 현재 여러 나라의 의사선서에는 세태 변화가 반영되어 있어서 환자의 자율성 존중, 환자-

의사 관계에 대한 새로운 규정, 의사의 리더십과 동료의사와의 관계, 낙태 등의 규정 배제, 생명의 정의에 대한 규정 등이 바뀌었다. 한마디로 말해서 히포크라테스 선서는 돌에 새겨진 영구적인 것이 아니고 히포크라테스라는 이름 또한 고유명사가 아니라 의사윤리를 나타내는 상징어로 받아들여지고 있다.

그리고 무엇보다 중요한 사실은 죽음을 돌보는 일care 또한 의사의 임무라는 점이다. 의사의 3C라고 하는 것은 완치cure, 돌봄care, 편안케 하는 것comfort으로 보는데, 죽음의 돌봄에는 편안케 함이 포함된다고 지지자들은 주장한다. 그러한 이유로 안락사 지지단체들은 의료계의 태도 변화를 요구하는 목소리를 높이고 있다. 2017년 12월 미국 매사추세츠 의사회가 조력죽음에 대한 반대입장을 철회한 것은 그러한 변화를 예고하는 사건 중 하나이다.

확장되는 '죽을 수 있는 권리'의 스펙트럼

죽을 수 있는 권리는 자살의 탈범죄화에서 출발하였다.

권리의 사전적인 의미는 어떤 일을 주체적으로 자유롭게 처리하거나 타인에 대하여 당연히 주장하고 요구할 수 있는 자격이나 힘이다. 권리가 법적으로 보장되는 것이라면 죽을 수 있는 권리의 스펙트럼은 넓게 확장된다.

사회가 정당하다고 동의하는 상황, 즉 말기질환으로 고통받고 있는 상황에서 무익한 치료를 거부할 권리인 '치료거부권'을 출발점으로 하여, 자살의 수단을 제공해 줄 것을 요구할 수 있는 조력죽음을 거쳐, 죽음의 때를 스스로 결정하여 자신을 죽여주기를 요구할 수 있는 적극적 안락사의 권리까지 포함되는 것이다. 안락사 지지운동이 이 단어를 사용하는 것도 바로 이러한 이유에서이다.

죽을 수 있는 권리개념의 범위는 전 세계적으로 활동하고 있는 여러 안락사 지지단체의 활동내용을 보면 여실히 드러난다. 조력죽음의 법제화를 모토로 활동하는 'Dignity in dying'이 대중에게 온건한 이미지로 다가가면서 논리를 앞세우고 있다면, 다른 한 극단에서는 윤리적 논쟁이나 정당성 확보보다는 연민과 실천에 중점을 두는 단체들도 있다. 이들은 특히 불확실한 죽음과 확실한

쇠락을 앞두고 있는 노인들이 비참한 '느린 죽음'을 맞이
하느니 죽음의 때와 장소 및 방법을 자신 스스로 결정하
겠다는 의지에서 만든 단체들이다.

과거 'SOARS(Society for Old Age Rational Suicide)'였다가
이제 'MDMD(My Decision My Death)'가 되어 적극적 안락
사의 합법화를 모토로 활동하는 것도 있고, 단체이름에서
그 목표를 엿볼 수 있는 'Accomplished Life Initiative'가
있는가 하면, 더 대담하고 공개적인 'FATE(Friends At The
End)'도 있다.

이중 FATE는 죽을 수 있는 권리 스펙트럼의 최극단에
서 있다고 볼 수 있다. FATE는 국제적인 적극적 안락사
협회인 EXIT 내에서 다른 지향점을 가진 스코틀랜드 회
원들이 떨어져 나와 만든 단체로서 영국 글라스고우에 근
거를 두고 있다. 회원의 84퍼센트 이상이 최상위의 사회
경제계층에 속하며 평균 연령은 68세이다. 연령 상 그들
이 지닌 절박함을 짐작할 수 있다.

이들은 '긍정적으로 늙어가기', '활동적 노화', '실버에
이지' 등 현재 사회에서 넘쳐나는 말들은 상업적 목적을

가리기 위해 만들어진 말에 불과하다고 생각하며 정치적으로는 매우 적극적이다. 이 단체는 'Dignity in Dying' 등의 단체와는 달리 단체의 전문화나 운영 혹은 대중으로부터의 지지나 법제화 등에 관심을 두지 않는다. 법을 어기는 것도, 그로 인해 처벌을 받는 것도 두려워하지 않는다.

이 단체의 모토는 단체명에 나와 있듯이 죽어가는 사람이 가장 필요로 하는 실천적 방법과 도움에 초점을 맞추고 있다. 죽음의 공포를 다독이는 방법과 자살에 필요한 구체적 방법을 알려주고, 때로는 조력죽음을 맞기 위해 죽음여행suicide tour을 떠나려는 사람과 동행하거나 절차를 도와주기도 한다.

이들의 신념은 자신이 통제할 수 있는 죽음이 '좋은 죽음'이라는 것이다. 흔히 말하는 '좋은 죽음'은 돌보는 사람이나 의료진의 입장에서 관찰한 항목이 대부분을 차지하고 있다. '실버에이지', '적극적 노화' 등의 상업적 문구를 배척하듯이 그러한 '좋은 죽음'의 정의를 배척하는 이들은 스스로 때와 장소와 방법을 선택하여 결정할 수 있을 때 죽음의 공포에서 벗어날 수 있고 비로소 삶이 완성되는 것이라고 믿는다.

최근에는 말기질환이 아닌 상태에서도 조력죽음을 요구하는 사례가 보도되고 있다. 일례로, 2018년 5월 스위스 디그니타스로 죽음여행을 떠난 오스트레일리아의 데이비드 구달이 있다. 104세인 그는 "이 나이까지 산 것이 후회된다. 하루 종일 앉아만 있는데 이런 삶이 무슨 소용이겠냐"고 반문했다고 한다. 2006년 의사인 앤 터너Anne Turner는 질병 초기였음에도 불구하고 '오랜 시간 느리고 고통스러운 사멸의 과정을 겪지 않기 위해' 역시 스위스 디그니타스에서 죽음을 맞이했다.

또한 앤Anne이라고만 알려지기를 원한 89세의 전직 왕립해군 기술자Royal Navy electrician는 질병이 없었음에도 불구하고 "디지털 시대를 헤쳐 나가는 것은 피곤하다. 내 삶은 모험으로 충만했고 독립적이었다. 병원이나 요양원에서 서서히 사그라지는 것이 싫다"고 영국《인디펜던스》와의 인터뷰에서 밝히고 스위스로 떠났다.

위와 같은 사례는 죽을 수 있는 권리가 어디까지 확장될 수 있는지, 안락사법의 영역이 어디까지이며 그 논리는 합리적인지, 또 고통을 돌보아야 할 사회의 임무는 어디까지인지에 대하여 정면으로 도전하는 사례들이다.

그 도전적 질문에는 우선 대상의 기준에 관한 것이 있다. 만일에 안락사법의 근거가 개인의 자율성을 존중하고 치유의 가능성 없이 고통 받는 환자에 대한 연민에서 비롯되는 것이라면, 그 대상이 왜 6개월 여명의 말기환자에게만 국한되어야 하는가. 가령 다발성경화증 환자가 5년은 더 살 수 있겠지만 그의 세월이 견디기 어려운 고통과 인내로만 점철된 것이라면 그 사람은 왜 존중과 연민의 대상이 되어서는 안 되는가.

반대의견도 있어서, 동일한 처지에 있는 다른 사람은 고통 속에서도 사랑과 희망의 시간을 보내므로 안 된다고 하지만, 그렇게 말하는 것은 선택의 기회를 차단하는 것이자, 그럴 수 없는 사람을 비난하는 것밖에 되지 않는다고 FATE는 주장한다. 6개월의 고통만 인정하고 5년의 고통을 인정하지 않는 것은 비논리적이라는 주장도 있다.

이러한 주장은 당연히 고통의 조건에 대한 논란으로 이어진다. 치료될 수 없는 고통이 그 조건이라면 세상에서

소외되거나 쇠락을 예견하는 실존적 고통은 고통에 해당하지 않는가. 어떤 방법으로도 치료되지 않는 극심한 우울증으로 살아 있는 것 자체가 지옥이라고 느끼는 사람의 고통은 고통이 아닌가. 육체적 고통만이 존중받을 수 있는가라는 질문이 나올 수밖에 없다.

네덜란드에서는 환자의 고통이 감내하기 어려울 정도여야 하고, 개선의 가망이 없는 것이어야 하나, 이는 육체적 고통에만 국한되지는 않는다. 자신의 존엄성을 잃게 될 것에 대한 두려움, 점진적인 쇠락과 퇴행에 대한 공포 역시 고통에 해당한다고 인정해준다. 그리고 반드시 말기 질환을 가지고 있어야 하는 것 또한 아니다. 벨기에 역시 마찬가지다. 캐나다의 경우 회복가능성 없는 중증의 질병을 가진 경우로 그 고통을 한정했다. 미국의 경우는 말기 질환일 때에만 인정된다.

'견딜 수 없는 고통'이 과연 무엇인지를 평가하는 데에는 복잡한 차원의 질문이 야기된다. 고령자의 실존적 고통에서 한 발짝 더 나아간다면, 청장년기의 실존적 고통 또한 해당이 될 것인가. 고단한 삶에 지쳐 절망한 경우도 실존적 고통으로 정의할 것인가, 미래에 다가올 고통의 예견도 포함할 것인가 등, 정의하는 것 자체만으로 난제가 아닐 수 없게 된다. 또 어떤 측면에서 평가할 것인가, 즉 의학적 견지에서 할 것인가, 철학적·사회적 측면에서 할 것인가. 죽음의 관리자가 의료인인 상황에서 누가 평가할 것인가의 문제를 두고 의사 사회는 당연히 반발하고 있다.

이제 죽을 수 있는 권리는 말기질환으로 6개월의 여명을 앞두고 있는 환자에게만 적용되는 것이 아니다. 보다 적극적으로 죽음의 상황을 통제하려는 욕구를 가진 사람들이 주장하는 권리가 되어가고 있다. 결국 안락사 법제화 문제는 '미끄러운 경사길'이 될 가능성을 사회 스스로 어떻게 관리할 수 있을 것이냐, 즉 연민의 실천이 '나만의 연민'을 벗어나 얼마만큼 보편성을 갖출 수 있을지, 더 중요하게는 사회를 끌고 가는 여러 종류의 힘의 어두움을 우리 스스로가 얼마만큼 통제할 수 있을지의 문제로 귀결된다. 그리고 그것은 인간사회의 건강함을 가늠하는 시금석이 될 것이다.

참고문헌

- 장 아메리(1976), 자유죽음. 산책자, 2010
- 피터 아리에스(1975), 죽음의 역사. 동문선, 1998
- 피터 아리에스(1983), 죽음 앞에 선 인간. 동문선, 1997
- 노베르트 엘리아스(1982), 죽어가는 자의 고독. 문학동네, 1996
- 이안 다우비긴(2005), 안락사의 역사. 섬돌, 2007
- 베르트 케이세르(1994), 죽음과 함께 춤을. 마고북스, 2006
- 조르주 미누아(1987), 노년의 역사. 아모르문디, 2010
- Battin M.P(1987), Choosing the time to die : The Ethics and economics of suicide in old age. In Spicker, Ingman & Lawson (Eds) Ethical dimensions of geriatric care. Philosophy & Medicine, vol 25. p161-89
- Jackson E, Keown J(2012), Debating euthanasia. Hart Publishing Ltd, Oxford, UK
- Kellehear A(2007), Social history of dying. Cambridge University Press, UK
- Rachels J(1975), Active and passive euthanasia. NEJM vol 292, Jan 9, 1975 p78-80
- Richards N(2012), The fight-to-die: older people and death activism. Inter J. Aging later Life. vol7(1) p7-32

나의 죽음은 나의 것

초판 1쇄 발행	2018년 11월 16일
지은이	알렉산드로스 벨리오스
옮긴이	최보문
책임편집	강희재
디자인	고영선
펴낸곳	바다출판사
발행인	김인호
주소	서울시 마포구 어울마당로5길 17 5층(서교동)
전화	322-3675(편집), 322-3575(마케팅)
팩스	322-3858
E-mail	badabooks@daum.net
홈페이지	www.badabooks.co.kr
출판등록일	1996년 5월 8일
등록번호	제10-1288호
ISBN	978-89-5561-300-1 03110